Patrice Gibertie

Agrégé d'histoire, professeur de chaire supérieure en géopolitique et histoire économique.

Il a enseigné en classes préparatoires, fondé et dirigé les CPGE du Lycée Notre Dame du Grandchamp à Versailles. Il a été chargé de cours à l'Université de Bordeaux III et a participé à la préparation à l'Agrégation d'économie de l'Université de Rennes 1.

Il suit sur LinkedIn le devenir professionnel de 3000 anciens étudiants et y anime un réseau d'entraide.

"Je plains ceux qui ont l'air intelligent ; c'est une promesse qu'on ne peut tenir."   Alain

A mes anciens étudiants

Dans l'obscurité des diplômes, des cursus et des classements

Le guide critique 2018 des ECOLES DE COMMERCE

Réseaux, insertion professionnelle, salaires

Table des matières

Une école de commerce par temps de crise …

La France est en crise et les jeunes diplômés connaissent aujourd'hui des difficultés pour intégrer le monde du travail. L'époque où les entreprises se bousculaient à la porte des écoles de commerce semble révolue et pourtant lesdites écoles deviennent de plus en plus coûteuses. La jeunesse dorée, des clichés habilement entretenus, s'endette, travaille beaucoup et n'intéresse personne.

Ce qui semblait évident ne l'est plus …

Pendant longtemps la voie normale de formation pour les futurs cadres du secteur privé passait par les écoles d'ingénieurs. Les parents sont encore nombreux à préférer les prépas scientifiques aux prépas commerciales. Les emplois d'ingénieurs de production sont moins nombreux, ceux de la finance, du commerce et de la gestion se sont multipliés. Pourquoi dans ces conditions devenir ingénieur pour une carrière de DRH ? Le niveau exigé en mathématiques ne diffère pas entre cpge Hec et cpge préparant aux écoles d'ingénieurs. La physique –chimie constituerait elle un plus ?

La tradition française peut expliquer pourquoi pendant longtemps l'Etat s'est désintéressé des métiers de l'encadrement. De très nombreuses écoles d'ingénieurs sont publiques et gratuites, les écoles de commerce privées et payantes.

Dans les années 80 la multiplication des classes préparatoires dites HEC, la montée en gamme de nombreuses écoles ont conduit à une situation assez simple. Celui qui voulait entreprendre de belles études pouvait le faire via des écoles de commerce post prépa.

Les concurrences des écoles d'ingénieurs et des écoles de commerce dites post bac ont toujours existé. La durée des études dans les écoles post bac est identique à celle des écoles post prépa mais l'intégralité du cursus se fait en école. Parmi ces écoles, l'ESSCA d'Angers, le Cesem de Reims et l'Epsci de Cergy. La concurrence a toujours existé avec Dauphine et l'Iep de Paris. J'ai de tous temps défendu la filière cpge-grandes écoles.

La hiérarchie des écoles me semblait alors d'une simplicité enfantine.

Hec dominait, puis venait l'Essec. La fusion avec l'EAP propulsa l'ESCP au sommet.

Lyon et l'EDHEC se discutaient la quatrième place.

Suivaient Audencia, Grenoble, Rouen et Reims puis Toulouse, Bordeaux. Enfin, Lille, le Ceram, l'Icn, Marseille, l'ISC et Tours.

Pendant près de 30 ans j'ai décrit ce paysage, de forum en journées portes ouvertes auprès de peut-être 100 000 visiteurs.

Rien n'a sans doute profondément changé comme le confirment 3500 anciens étudiants aujourd'hui cadres d'entreprises. Malheureusement un épais brouillard recouvre désormais la formation aux métiers de l'entreprise et l'univers des écoles de commerce.

Que s'est-il donc passé ?

L'Université développe de plus en plus des masters de qualité mais elle bute sur la difficulté à sélectionner. Qu'en sera-t-il demain ? Si les grandes écoles de commerce se transforment en « facs » de luxe, avec des professeurs exclusivement chercheurs, si elles perdent leurs liens étroits avec l'entreprise, alors elles seront directement concurrencées par les filières universitaires.

Un certain nombre d'écoles n'ont d'ailleurs rien de différent d'une université, une partie de la formation est même effectuée gratuitement par l'université, l'école se contentant de prélever des frais de scolarité pas toujours justifiés.

Une première épaisseur de brouillard concerne tout d'abord les écoles de commerce et leurs diplômes….

Bachelor, programme grande école, master, Msc, tout se complique et se mélange, les recruteurs voient arriver des Essec recrutés au niveau du bac, suivis bientôt d'EDHEC et d'ESCP. Ils apprendront qu'il s'agit en réalité de BBA …

La presse s'en mêle, multiplie les classements, invente des critères et se mélange les pinceaux entre doubles diplômes et doubles compétences. Le brouillard devient impénétrable. Nous apprenons qu'un ESC Montpellier obtient en débutant le salaire que peut espérer un Hec…mais dans la réalité…

Pour départager les écoles certains classements partent du nombre d'inscrits au Who'sWho, d'autres comptabilisent les entreprises incubées pour arriver à en loger dix dans …le même bureau.

Si Wharton ou Harvard subissaient de tels classements je n'ose imaginer le rang qui serait le leur ….

Les candidats peuvent se faire piéger par la course à l'échalote de la presse dite spécialisée dans la vente de papiers. Gala et Closer vendent en inventant des histoires de people. Le Parisien, le Figaro, le Point et d'autres font de même en faisant monter ou descendre des écoles à partir de critères incompréhensibles et non vérifiables par le lecteur. Ainsi a été inventée la légende urbaine du recul d'AUDENCIA et de NEOMA.

Ne désespérons cependant pas , les deux premières éditions de ce petit guide ont commencé leur effet , Challenges et l'Etudiant font en 2018 preuve de sérieux pour l'essentiel de leurs statistiques .

Les signaux arrivent quatre ou cinq ans après qu'une école ait connu des difficultés structurelles et avertissent lorsque le danger est passé. La filière des grandes écoles est aujourd'hui menacée de mort par ce que j'ose appeler de l'enfumage, ce travail critique entend rétablir quelques vérités et aider les étudiants à s'y retrouver. La méthode : partir de données objectives que chacun peut vérifier, échapper au service com des écoles. Imaginez un guide qui ne dépend pas d'un financement publicitaire et des réponses invérifiables fournies par les écoles. Ce guide vous l'avez entre les mains. Tout devient alors possible y compris présenter les informations fournies par les écoles lors des audits d'accréditations. Vous vous en rendrez très vite compte, certaines écoles n'ont pas fait preuve d'une très grande éthique dans leur communication avec la presse dite spécialisée.

Dans un climat de concurrence féroce, les écoles font tout pour s'adapter aux attentes de leurs clients potentiels, les futurs étudiants, et à celles des prescripteurs, parents, orienteurs et journalistes. Chacun sait qu'un élève de terminale rêve d'international et/ou d'humanitaire. Le commerce n'est pas a priori objet de désir. Les pages d'accueil des sites de certaines écoles vendent donc du rêve humanitaire et international.

Pour nous une école de commerce se doit de préparer l'étudiant au monde du travail. Mais il ne suffit pas de critiquer et plus que jamais il nous faudra éclairer. Les Grandes écoles ne sont pas seules au monde, j'oserai les comparer aux filières universitaires sélectives. La quatrième « parisienne » s'appelle Paris Dauphine.

Perdus dans ce foisonnement, les recruteurs regardent systématiquement dans son CV si le candidat estampillé « Grande Ecole » est passé par une classe prépa. C'est à leurs yeux une garantie. Dans le brouillard épais des écoles et des diplômes, on repère donc une première lueur : l'intérêt de faire une classe préparatoire. Mais il faut se hâter d'en profiter, car cette filière souffre aux yeux de certains d'un handicap impardonnable : elle assure la réussite de ceux qui l'empruntent ! D'où l'idée bien française de la supprimer…

En matière de classement, les réseaux sociaux pourraient bien bouleverser la donne. Ce que nous appellerons la « méthode LinkedIn» repose sur un principe de bon sens : le fait de choisir une école assise sur un gros vivier de diplômés peut être perçu comme un avantage en termes de réseaux et de notoriété. A contrario, venir d'une institution ayant peu de d'anciens, actifs dans un métier pénalise, les jeunes qui souhaitent exercer ce métier. On peut également réaliser un classement

LinkedIn pour savoir dans quelles institutions recrutent les entreprises préférées des étudiants européens.

Pas de critères complexes, pas de motivations publicitaires, le simple regard de professionnels qui recrutent et pratiquent l'entreprise. Nous donnerons donc la parole aux recruteurs. Certains seront certainement déçus, car nous ne ferons pas un classement des classements. Nous laisserons cet exercice à ceux qui croient trouver la vérité en additionnant des inepties. Il sera cependant possible de dégager quelques groupes d'écoles. Pour l'essentiel les recruteurs accordent bien peu d'importance aux classements ; l'essentiel est ailleurs : **avoir fait une prépa puis de bons stages ou de l'apprentissage.**

Chapitre 1

Derrière le brouillard, des diplômes

Ceux qui envisagent des études en école de commerce veilleront à se renseigner sur la nature des diplômes, la reconnaissance par l'Etat, le visa de l'Etat ne signifient pas obligatoirement que le master soit au rendez- vous.

Délivré par l'État, le grade de master est un des quatre grades de l'enseignement supérieur reconnus à l'échelle européenne.

Le grade de master est issu de la déclaration de Bologne du 19 juin 1999, destiné à créer une architecture commune de cursus et de niveaux comparables. Il s'ajoute au baccalauréat, à la licence et au doctorat.

Les grades de l'enseignement supérieur correspondent à des paliers de formation européens. Dans ce cadre, chaque année d'étude donne lieu à des crédits (ECTS) validant des matières ou des stages. Soit la licence (bac+3, 180 crédits), le master (bac+5, 300 crédits), le doctorat (bac+8, 480 crédits).

Sur plus de 150 écoles privées de commerce et de gestion, la moitié conduit à un niveau bac + 3, l'autre moitié à un niveau bac + 4/5. Attention seule une minorité donne le grade de master, il s'agit de celles qui proposent un PROGRAMME GRANDE ECOLE.

En dehors de ce programme, vous pouvez très bien faire 4 ou 5 ans d'études et plus pour n'avoir au final, comme grade, que le baccalauréat. Précisons qu'aucune école ne délivre le grade de la licence, ce sera donc le master ou rien.

Les diplômes délivrés à bac plus trois ou quatre s'appellent souvent « bachelor » mais ce terme anglo-saxon n'est pas un grade. Il n'y a pas de label des grandes écoles pour ces formations.

Les grandes écoles proposent également des diplômes à bac plus cinq ou six qui ne sont pas des grades visés par l'Etat. Certains sont reconnus par la Conférence des Grandes écoles, d'autres par personne.

Ces diplômes s'appellent Master of Science et Master spécialisés. Le **Mastère Spécialisé (MS),** a été créé en 1983 pour des formations post bac+4 ou 5. « Il garantit la vocation professionnelle affirmée, la rigueur et la technicité des enseignements dispensés », explique la CGE sur son site. Pour être accrédités, les cursus sont évalués sur leur adéquation avec les besoins professionnels, le volume horaire et la durée de la formation, l'obligation d'effectuer une mission en entreprise et de soutenir une thèse professionnelle. Le MS correspond donc à une spécialisation que l'on effectue après avoir obtenu son diplôme de Master.

Le **Mastère en science (Msc)** a été créé lui en 2002. *« Il s'adresse principalement à des étudiants étrangers désireux de parfaire leur formation dans une grande école française »,* détaille la CGE. Il est attribué à des formations dispensées principalement en langue anglaise, sur un minimum de trois semestres, sur une durée de trois ans maximum, et doit déboucher sur la soutenance d'un mémoire de recherche.

Un artifice a vu le jour et s'est répandu dans beaucoup d'écoles, précisément celles qui grimpent dans les classements. Il s'agit de proposer à leurs étudiants du programme Grande école une partie de leur cursus sous l'appellation MSC… Cet habillage transforme l'étudiant en « double diplômé ». La démarche séduit beaucoup d'admis sur titre.

La liste ci-dessous fait apparaitre toutes les formations non universitaires visées par l'Etat. Les institutions délivrent un diplôme dont la qualité est reconnue par l'Etat. Le visa est délivré pour une formation précise et non pour l'ensemble des formations d'un établissement. **Attention, seuls certains de ces diplômes délivrent le grade de master.** Ils apparaissent en gras. Les autres sont visés par l'Etat, proposés par de grandes écoles mais ne délivrent pas de grade de master.

KEDGE Business School   CESEMED MARSEILLE   Diplôme Visé Bac +

KEDGE Business School   ESC MARSEILLE Diplôme Visé Bac + 5 grade Master PROGRAMME GRANDE ECOLE   01/09/2014
- KEDGE Campus Avignon   Diplôme Visé Bac + 3   DIPLOME SUPERIEUR DE GESTION ET COMMERCE (prog.Bachelor Kedge)   01/09/2014

KEDGE Campus Marseille   Diplôme Visé Bac + 3   DIPLOME SUPERIEUR DE GESTION ET COMMERCE (prog.Bachelor Kedge)   01/09/2014

ESC AMIENS   Diplôme Visé Bac + 3   DIPLOME EN MANAGEMENT INTERNATIONAL
ESTA BELFORT   Diplôme Visé Bac + 5   DIPLOME DE MANAGER EN INGENIERIE BO
ESC PAU   Diplôme Visé Bac + 3   DIPLOME   MANAGEMENT RELATIONS

ESC PAU   Diplôme Visé Bac + 5 grade Master   DIPLOME DE L'ESC DE PAU (PROG GDE ECOLE)
BORDEAUX   ECE Bordeaux-Lyon ECE BORDEAUX   Diplôme Visé Bac + 4   DIPLOME DE RESPONSABLE MARKETING, FINANCE ET COMMERCE INTERNATIONAL DE L'ECE   01/09/2011   5 ans
INSEEC Business School   INSEEC BORDEAUX   Diplôme Visé Bac + 5 grade Master   DIPLOME DE L'INSEEC BS (PROG GDE ECOLE)
KEDGE Business School   EBP-EMA BORDEAUX   Diplôme Visé Bac + 5   DIPLOME EBPI DE KEDGE BORDEAUX
KEDGE Business School   KEDGE Campus Bayonne   Diplôme Visé Bac + 3   DIPLOME SUPERIEUR DE GESTION ET COMMERCE (prog.Bachelor Kedge)
KEDGE Business School   KEDGE Campus Bordeaux   Diplôme Visé Bac + 3   DIPLOME SUPERIEUR DE GESTION ET COMMERCE (prog.Bachelor Kedge)
KEDGE Business School   KEDGE Campus Bordeaux   Diplôme Visé Bac + 5 grade Master   PROGRAMME GRANDE ECOLE
EGC SAINT-LO   Diplôme Visé Bac + 3   DIPLOME DE L'EGC DE BASSE-NORMANDIE0
EM Normandie   EMN CAEN   Diplôme Visé Bac + 3   DIPLOME D'ENSEIGNEMENT SUP EN MANAGEMENT INTERNATIONAL
EM Normandie   EMN CAEN   Diplôme Visé Bac + 5 grade Master   DIPLOME DE L'ECOLE DE MANAGEMENT DE NORMANDIE (PROG GDE ECOLE)
CLERMONT-FERRAND   ESC CLERMT-FD   Diplôme Visé Bac + 3   DIPLOME EN MANAGEMENT INTERNATIONAL
CLERMONT-FERRAND   ESC CLERMT-FD Diplôme Visé Bac + 5 grade Master   DIPLOME DE L'ESC CLERMT-FD (PROG GDE ECOLE)

KEDGE Business School   KEDGE Campus Bastia   Diplôme Visé Bac + 3   DIPLOME SUPERIEUR DE GESTION ET COMMERCE (prog.Bachelor Kedge)
INSEAD   Diplôme Visé Bac + 5 grade Master   DIPLOME   DE GESTION ET D'ADMINISTRATION DES AFFAIRES DE L'INSEAD

ESC DIJON   Diplôme Visé Bac + 3   DIPLOME   D'ETUDES SUPERIEURES DE GESTION ET COMMERCE INTERNATIONAL
ESC DIJON   Diplôme Visé Bac + 5 grade Master   DIPLOME DE L'ESC DIJON (PROG GDE ECOLE)
EGC DROME ARDECHE   Diplôme Visé Bac + 3   DIPLOME DE L'EGC DROME ARDECHE
GRENOBLE   GEM (Grenoble Ecole de Management)   Diplôme Visé Bac + 3   DIPLOME DE CHARGE D'AFFAIRES INTERNATIONALES
GRENOBLE   GEM (Grenoble Ecole de Management)   Diplôme Visé Bac + 5   DIPLOME DE MANAGER D'AFFAIRES INTERNATIONALES

GEM (Grenoble Ecole de Management) **Diplôme Visé Bac + 5 grade Master DIPLOME DE L'ESC GRENOBLE (PROG GDE ECOLE)**

IDRAC IDRAC GRENOBLE Diplôme Visé Bac + 3 RESPONSABLE DU MARKETING ET DU DEVELOPPEMENT COMMERCIAL 01/09/2015

INSEEC Business School INSEEC ALPES SAVOIE Diplôme Visé Bac + 5 grade Master DIPLOME DE L'INSEEC BS (PROG GDE ECOLE)

IESEG LILLE Diplôme Visé Bac + 5 grade Master DIPLOME DE L'IESEG DE LILLE (PROG GDE ECOLE)

EGC LILLE METROPOLE Diplôme Visé Bac + 3 DIPLOME DE L' EGC DE LILLE-METROPOLE

Groupe EDHEC EDHEC LILLE Diplôme Visé Bac + 5 grade Master DIPLOME DE L'EDHEC (PROG GDE ECOLE)

Groupe EDHEC EDHEC LILLE Diplôme Visé Bac + 5 grade Master DIPLOME EN ADMINISTRATION DES AFFAIRES INTERNATIONALES

Groupe EDHEC EDHEC LILLE Diplôme Visé Bac + 5 grade Master DIPLOME POUR CADRES DIRIGEANTS ET ENTREPRENEURS

Groupe EDHEC ESPEME LILLE Diplôme Visé Bac + 4 DIPLOME DE L'ESPEME

SKEMA Business School SKEMA LILLE Diplôme Visé Bac + 5 grade Master DIPLOME DE SKEMA (PROG GDE ECOLE)

ESCD 3A LYON Diplôme Visé Bac + 3 DIPLOME DE RESPONSABLE OPERATIONNEL A L'INTERNATIONAL DE L'ESCD

ESDES LYON Diplôme Visé Bac + 5 grade Master DIPLOME EN MANAGEMENT ET GESTION DES ENTREPRISES LYON

ECE Bordeaux-Lyon ECE LYON Diplôme Visé Bac + 4 DIPLOME DE RESPONSABLE MARKETING, FINANCE ET COMMERCE INTERNATIONAL DE L'ECE

EM Lyon EM LYON Diplôme Visé Bac + 5 DIPLOME AMP DE L'EM LYON

EM Lyon EM LYON Diplôme Visé Bac + 5 grade Master DIPLOME DE L'EM LYON (PROG GDE ECOLE)

EM Lyon EM LYON Campus Saint-Etienne Diplôme Visé Bac + 4 DIPLOME DU CENTRE DE MANAGEMENT COMMERCIAL ET INTERNATIONAL (CMCI)

IDRAC IDRAC LYON Diplôme Visé Bac + 3 RESPONSABLE DU MARKETING ET DU DEVELOPPEMENT COMMERCIAL

IDRAC IDRAC LYON Diplôme Visé Bac + 5 grade Master DIPLOME D'ETUDES SUPERIEURES EN MARKETING, GESTION COMMERCIALE ET MANAGEMENT INTERNATIONAL

EGC MARTINIQUE Diplôme Visé Bac + 3 DIPLOME DE L'EGC DE LA MARTINIQUE

ESC MONTPELLIER Diplôme Visé Bac + 5 grade Master DIPLOME DE L'ESC MONTPELLIER (PROG GDE ECOLE)

MONTPELLIER   IDRAC   IDRAC MONTPELLIER   Diplôme Visé Bac + 3
RESPONSABLE   DU   MARKETING   ET   DU   DEVELOPPEMENT
COMMERCIAL
ICN MANAGEMENT NANCY   Diplôme Visé Bac + 3   DIPLOME
SUP'EST NANCY
**ICN MANAGEMENT NANCY   Diplôme Visé Bac + 5 grade Master
DIPLOME DE L'ICN (PROG GDE ECOLE)**
EGC VENDEE   Diplôme Visé Bac + 3   DIPLOME   DE   L'EGC   DE
VENDEE
EGC LE MANS   Diplôme Visé Bac + 3   DIPLOME DE L'EGC DU MAINE

ESIAME CHOLETDiplôme Visé Bac + 3   DIPLOME   DE   L'ESIAME   DE
CHOLET
**ESSCA d'Angers ESSCA ANGERS   Diplôme Visé Bac + 5 grade Master
DIPLOME DE L'ESSCA D'ANGERS (PROG GDE ECOLE)**
**Groupe AUDENCIA   AUDENCIA NANTES   Diplôme Visé Bac + 5
grade Master   PROGRAMME GDE ECOLE D'AUDENCIA**
Groupe AUDENCIA   EAC NANTES   Diplôme   Visé   Bac   +   3
DIPLOME DE L'ECOLE ATLANTIQUE DE COMMERCE ET DE GESTION

NANTES   IDRAC   IDRAC NANTES   Diplôme   Visé   Bac   +   3
RESPONSABLE   DU   MARKETING   ET   DU   DEVELOPPEMENT
COMMERCIAL
**NICE   Groupe EDHEC   EDHEC NICE   Diplôme Visé Bac + 5 grade
Master DIPLOME DE L'EDHEC (PROG GDE ECOLE)**
**NICE   Groupe EDHEC   EDHEC NICE   Diplôme Visé Bac + 5 grade
Master DIPLOME   EN   ADMINISTRATION   DES   AFFAIRES
INTERNATIONALES**
**NICE   Groupe EDHEC   EDHEC NICE   Diplôme Visé Bac + 5 grade
Master DIPLOME POUR CADRES DIRIGEANTS ET ENTREPRENEURS**
NICE   Groupe EDHEC   ESPEME NICE   Diplôme   Visé   Bac   +   4
DIPLOME DE L'ESPEME
NICE   IDRAC   IDRAC NICE   Diplôme   Visé   Bac   +   3
RESPONSABLE   DU   MARKETING   ET   DU   DEVELOPPEMENT
COMMERCIAL

**NICE   IPAG Paris-Nice   IPAG NICE   Diplôme Visé Bac + 5 grade
Master DIPLOME DE L'IPAG (PROG GDE ECOLE)**
NICE   KEDGE Business School   KEDGE Campus Toulon   Diplôme
Visé Bac + 3   DIPLOME   SUPERIEUR   DE   GESTION   ET   COMMERCE
(prog.Bachelor Kedge)
NICE   KEDGE Business School   KEDGE Campus Toulon   Diplôme
Visé Bac + 5   DIPLOME INGENIEUR D'AFFAIRES
**NICE   SKEMA Business School   SKEMA NICE   Diplôme Visé Bac + 5
grade Master   DIPLOME DE SKEMA (PROG GDE ECOLE)**

NOUVELLE CALEDONIE   EGC NOUMEA   Diplôme Visé Bac + 3
        DIPLOME DE L'EGC DU PACIFIQUE SUD
ORLEANS-TOURS   ESCEM   ESCEM ORLEANS Diplôme Visé Bac + 3
        DIPLOME EN DEVELOPPEMENT COMMERCIAL
ORLEANS-TOURS   ESCEM   ESCEM TOURS   Diplôme Visé Bac + 3
        DIPLOME DE L'ISEME
**PARIS   EBS PARIS   Diplôme Visé Bac + 5 grade Master
        DIPLOME DE L'EBS DE PARIS (PROG GDE ECOLE)**
PARIS   EMLV   Diplôme Visé Bac + 5   DIPLOME   DE
L'EMLV (PROG GDE ECOLE)
**PARIS   ESCE PARIS   Diplôme Visé Bac + 5 grade Master
        DIPLOME DE L'ESCE DE PARIS (PROG GDE ECOLE)**
**PARIS   ESCP-EUROPE   Diplôme Visé Bac + 5 grade Master
        PROGRAMME GRANDE ECOLE (MIM) DE L'ESCP-EUROPE**
**PARIS   ESCP-EUROPE   Diplôme Visé Bac + 5 grade Master
        PROGRAMME EUROPEEN D'ENSEIGNEMENT SUPERIEUR EN
MANAGEMENT (MEB)**
**PARIS   ESCP-EUROPE   Diplôme Visé Bac + 5 grade Master
        DIPLOME POUR DIRIGEANT EN ADMINISTRATION DES
AFFAIRES**
**PARIS   PSB Paris Diplôme Visé Bac + 5 grade Master   DIPLOME
DE PSB (PROG GDE ECOLE)PARIS**
**ISC PARIS   Diplôme Visé Bac + 5 grade Master   DIPLOME DE L'ISC
PARIS (PROG GDE ECOLE)**
**PARIS   ISG PARIS   Diplôme Visé Bac + 5 grade Master
        DIPLOME DE L'ISG PARIS (PROG GDE ECOLE)**
**PARIS   ISTEC PARIS   Diplôme Visé Bac + 5 grade Master
        DIPLOME DE L'ISTEC (PROG GDE ECOLE)**
PARIS   NOVANCIA   Diplôme Visé Bac + 3   DIPLOME
D'ETUDES SUPERIEURES EN COMMERCE ET ENTREPRENEURIAT DE
NOVANCIA
**PARIS   NOVANCIA   Diplôme Visé Bac + 5 grade Master
        DIPLOME D'ETUDES SUP EN ENTRPRENEURIAT ET
MANAGEMENT COMMERCIAL DE NOVANCIA**
**PARIS HEC   HEC PARIS   Diplôme Visé Bac + 5 grade Master
        DIPLOME EN GESTION DES ENTREPRISES POUR DIRIGEANTS DE
HEC**
**PARIS ICD Paris Toulouse ICD PARIS   Diplôme Visé Bac + 5 grade
Master DIPLOME DE L'ICD (PROG GDE ECOLE)**
PARIS IDRAC   IDRAC PARIS   Diplôme   Visé   Bac   +   3
        RESPONSABLE DU MARKETING ET DU DEVELOPPEMENT
COMMERCIAL
**PARIS INSEEC Business School   INSEEC PARIS   Diplôme Visé Bac + 5
grade Master   DIPLOME DE L'INSEEC BS (PROG GDE ECOLE)**

PARIS IPAG Paris-Nice   IPAG PARIS   Diplôme Visé Bac + 5 grade Master DIPLOME DE L'IPAG (PROG GDE ECOLE)

POITIERS   EGC POITOU-CHARENTE   Diplôme Visé Bac + 3   DIPLOME DE L'EGC POITOU-CHARENTES

POITIERS   ESCEM ESCEM POITIERS Diplôme Visé Bac + 3

POITIERS   Groupe Sup de Co La Rochelle ESC   LA   ROCHELLE   Diplôme Visé Bac + 3   DIPLOME   D'ETUDES   SUP   EN COMMERCE ET MANAGEMENT OPERATIONNEL DE L'ESC LA ROCHELLE

POITIERS   Groupe Sup de Co La RochelleESC   LA   ROCHELLE   Diplôme Visé Bac + 5 grade Master   DIPLOME   DE   L'ESC   LA ROCHELLE (PROG GDE ECOLE)

POITIERS   Groupe Sup de Co La Rochelle IECG   LA   ROCHELLE   Diplôme Visé Bac + 4   DIPLOME DE L'IECG LA ROCHELLE

REIMS ESC Troyes   ESC TROYES   Diplôme Visé Bac + 5 grade Master DIPLOME DE L'ESC DE TROYES (PROG GDE ECOLE)

REIMS ESC Troyes   INBA TROYES   Diplôme   Visé   Bac   +   4   DIPLOME INBA TROYES

REIMS NEOMA Business School   NEOMA Campus REIMS   Diplôme Visé Bac + 3   DIPLOME DE FORMATION EN MANAGEMENT GENERAL DE NEOMA

REIMS NEOMA Business School   NEOMA Campus REIMS   Diplôme Visé Bac + 5 grade Master   DIPLOME DE NEOMA (PROG GDE ECOLE)

REIMS NEOMA Business School   NEOMA   Campus   Reims   CESEM   Diplôme Visé Bac + 4   DIPLOME   D'ETUDES   SUPERIEURES EUROPEENNES DE MANAGEMENT

RENNES   ESC BREST   Diplôme   Visé   Bac   +   3   DIPLOME EN MANAGEMENT INTERNATIONAL

RENNES   ESC BREST   Diplôme   Visé   Bac   +   3   DIPLOME EN DEVELOPPEMENT COMMERCIAL

RENNES   ESC BREST   Diplôme Visé Bac + 5 grade Master DIPLOME DE L'ESC BREST (PROG GDE ECOLE)

RENNES   ESC RENNES   Diplôme   Visé   Bac   +   3   DIPLOME DE GESTION ET MANAGEMENT DES ENTREPRISES

REUNION   EGC LA REUNION Diplôme   Visé   Bac   +   3   DIPLOME DE L'EGC DE LA REUNION   01/09/2015

EM Normandie   EMN LE HAVRE   Diplôme Visé Bac + 3   DIPLOME D'ENSEIGNEMENT SUP EN MANAGEMENT INTERNATIONAL

EM Normandie   EMN LE HAVRE   Diplôme Visé Bac + 5 grade Master   DIPLOME DE L'ECOLE DE MANAGEMENT DE NORMANDIE (PROG GDE ECOLE)

ROUENNEOMA Business School   NEOMA Campus ROUEN I.F.I. Diplôme Visé Bac + 4   DIPLOME   DE   FORMATION   INTERNATIONALE   EN MANAGEMENT

ROUEN NEOMA Business School   NEOMA Campus ROUEN   Diplôme
Visé Bac + 3   DIPLOME DE FORMATION EN MANAGEMENT GENERAL DE
NEOMA
**NEOMA Business School   NEOMA Campus ROUEN REIMS   Diplôme
Visé Bac + 5 grade Master   DIPLOME DE NEOMA (PROG GDE ECOLE)
STRASBOURG   EM STRASBOURG Bac   +   5   grade   Master
    DIPLOME DE L'EM STRASBOURG (PROG GDE ECOLE)**

TOULOUSE   EGC MIDI PYRENEES   Diplôme Visé Bac + 3
    DIPLOME DE L'EGC MIDI TOULOUSE
*ICD Paris Toulouse   ICD BLAGNAC   Diplôme Visé Bac + 5 grade
Master DIPLOME DE L'ICD (PROG GDE ECOLE)*
TOULOUSE   IDRAC   IDRAC TOULOUSE Diplôme   Visé   Bac   +   3
    RESPONSABLE   DU   MARKETING   ET   DU   DEVELOPPEMENT
COMMERCIAL
TOULOUSE   Toulouse Business School   TBS   Diplôme Visé Bac + 3
    PROGRAMME BAC+3 EN MANAGEMENT DE L'ESC TOULOUSE
**Toulouse Business School   TBS   Diplôme Visé Bac + 5 grade Master
    DIPLOME DE L'ESC TOULOUSE (PROG GDE ECOLE)
EDC   Diplôme Visé Bac + 5 grade Master   DIPLOME DE L'ECOLE DES
DIRIGEANTS ET CREATEURS D'ENTREPRISE DE COURBEVOIE (PROG
GDE ECOLE)
TELECOM MANAGEMENT EVRY   Bac + 5 grade Master   DIPLOME
D'ETUDES SUPERIEURES DE GESTION**
ESSEC EPSCI CERGY   Diplôme Visé Bac + 4   DIPLOME   ESSEC-
EPSCI 01/09/2013
ESSEC CERGY   Diplôme Visé Bac + 5   DIPLOME EN GESTION ET
STRATEGIES INTERNATIONALES DES MARQUES DE LUXE

ESSEC ESSEC CERGY   Diplôme Visé Bac + 5   DIPLOME   EN
GESTION ET STRATEGIES GLOBALES DES ENTREPRISES

**ESSEC CERGY   Diplôme Visé Bac + 5 grade Master   DIPLOME   DE
L'ESSEC (PROG GDE ECOLE)
ESSEC ESSEC CERGY   Diplôme Visé Bac + 5 grade Master   DIPLOME
STRATEGIE ET DIRIGEANTS ESSEC ET MANNHEIM 01/09/2015
HEC   HEC JOUY EN JOSAS   Diplôme Visé Bac + 5 grade Master
    DIPLOME DE HEC (PROG GDE ECOLE)   0
HEC   ISA JOUY-EN-JOSAS   Diplôme Visé Bac + 5 grade Master
    DIPLOME DE L'ISA DE JOUY EN JOSAS**

Une institution reconnue peut très bien proposer une formation
délivrant le grade de master et à coté en proposer d'autres qui ne

diplôment pas. Tel est le cas des bachelors et assimilés apparaissant dans la liste avec également le nom de la Grande école.

 Pour des raisons budgétaires les grandes écoles ont multiplié à côté de leur PROGRAMME GRANDE ECOLE, plusieurs formations moins sélectives. Les étudiants sont tentés par des programmes recrutant au niveau du bac et jouant sur la confusion des noms. Personne n'a vu un seul étudiant du BBA Essec ne pas se présenter comme un Essec. Pourtant il ne suit pas le programme Grande école et n'aura pas le grade de master. Les écoles ont gagné en notoriété ce que les étudiants et les recruteurs ont perdu en visibilité. **Ces programmes sont à la mode et les Bachelor in Business Administration se multiplient**. Ils sont organisés sur trois ans mais attention ils ne délivrent pas de licence.

Les grandes écoles utilisent parfois leur bachelor comme une réserve d'étudiants pour le programme grande école. Après le bachelor il est possible de tenter le concours d'admission sur titre en deuxième année du PGE. Mais attention : l'admission n'est pas systématique. Les formations visées par le ministère de l'Éducation nationale permettent néanmoins aux diplômés de se présenter aux concours. Les masters à l'université sont cependant accessibles aux étudiants diplômés de bachelors visés par le ministère de l'Éducation nationale

Le rêve inavoué de bien des écoles est de multiplier les bachelors, ils rapportent de l'argent et ils assurent un recrutement captif évitant de dépendre des CPGE et des premiers cycles universitaires. Pour les étudiants la stratégie du bachelor présente des avantages et des inconvénients. Cette formation peut sembler assez proche des écoles post bac. Attention certaines écoles post bacs délivrent le grade de master, ce que le bachelor ne fera jamais.

Em lyon ouvre ainsi un bachelor comme une alternative aux classes préparatoires. Le pari n'est pas sans risque. Plus les effectifs de bachelors sont nombreux, plus le programme grande école est dilué et plus la notoriété du diplôme grande école en pâtit. Hec ne s'y trompe pas, elle n'a pas de bachelor.

Certaines, prudentes ouvrent des bachelors mais avec une forte spécificité et une forte sélectivité. Durant 3 ans, les étudiants du Bachelor in Management (BSc) d'ESCP Europe étudieront dans trois des six campus européens de l'école. Après une première année d'études à Londres, ces étudiants poursuivront leur scolarité soit à Madrid, soit à Turin, avant de se réunir en dernière année sur le campus de Berlin, au cœur de l'Europe. Cette première promotion est constituée d'élèves de 16 nationalités différentes, dont une majorité d'allemands et d'italiens, rigoureusement sélectionnés parmi plusieurs centaines de candidats. Ce projet n'entre pas en concurrence avec les CPGE.

La marque Essec, ESCP ou Kedge ne vous garantit pas le diplôme grande école associé à l'image de marque de l'école. Le brouillard recouvre ce qui hier était transparent…

Les recruteurs pour comprendre regardent alors systématiquement le cv et sur ce cv le passage ou non par une classe prépa, à leurs yeux clef de validation de la filière d'excellence.

Un cv sur lequel figure clairement après le bac une classe préparatoire (suivie d'un programme Grande Ecole) le rassurera sur la nature de votre formation et plus encore sur votre capacité de travail

Un cursus cpge suivi d'une école « moyenne » me semble préférable à un bachelor adossé à une école prestigieuse. L'étudiant en bachelor ne bénéficiera pas de l'enseignement en cpge et rien n'indique qu'il intègrera le programme grande école après le bachelor. Ce cursus lui coûtera 20 .000 euros de plus car la Cpge est gratuite ou peu couteuse. De plus *il n'aura pas le grade de master avec le Bachelor.*

Les bachelors ont été conçus comme des formations post-bac professionnalisantes conduisant au marché du travail et destinées à des étudiants ayant déjà une petite idée de ce qu'ils ont envie de faire. **Un bon bachelor se suffit à lui-même, il doit conduire au marché du travail sans chercher à repasser par la case « grande école ».**

La critique intervient lorsque que des étudiants les confondent avec des écoles post prépa ou post bac délivrant le master. Alors ils veulent poursuivre dans une autre école ; ils referont en deux ou trois ans ce qu'ils ont déjà fait en trois ou quatre ; finalement un cursus répétitif très cher.

Je rappelle que dans le modèle anglo-saxon le bachelor est suivi d'une longue période professionnelle puis ensuite un Mba, ce qui semble plus logique.

Les BBA qui peuvent se suffire à eux-mêmes un étudiant sur deux entre sur le marché du travail :

% Diplômés en CDI	%en recherche d'emploi	%poursuite étude
CESEM Neoma	34	9 .8	44
Bba essec	33.1	3	45
Bachelor TBS	25	8	49

Situation analogue pour Kedge EBPI mais peu d'étudiants ont répondu, seulement 4 % poursuivent des études. Cette **formation qui délivre le grade de master est donc devenu une école post bac à part entière.**

Ceux qui conduisent rarement à l'emploi mais à de couteuses poursuites d'étude

Je suis bien plus critique pour ces formations souvent mises en place pour alimenter le programme grande école.

% Diplômés en CDI	%en recherche d'emploi	%poursuite étude
Kedge bachelors 14.6	9	63
Edhec ESPEME 15	4	74

Pour la rentrée 2018, les frais de scolarité de cette formation passeront de 36.900 euros à 40.900 euros pour le parcours «business management» et de 50.500 euros à 55.500 euros pour le cursus «global business» sur quatre ans...**Pour les deux tiers des étudiants qui complèteront par deux années en programme Grande école, le cout total du cursus avoisinera donc les 100 000 euros . ...**Cher pour un diplôme Edhec...

Dans le brouillard des écoles et des diplômes nous avons donc repéré une première lueur, l'intérêt de faire une classe préparatoire. Nous verrons plus loin ce qu'en pensent les recruteurs interrogés par l'IFOP.

Chapitre 2

Le plus important, c'est…avant l'école

Heureusement il demeure encore des écoles fidèles à un modèle de réussite, laissant une large part aux professionnels dans la formation. Mais ces écoles ne seraient rien sans les classes préparatoires. Pendant deux ans, en prépa, les étudiants rencontrent le travail, la difficulté mais ils ne sont pas seuls.

La spécificité de la CPGE réside sans doute dans l'encadrement et l'engagement des professeurs. Parmi eux plusieurs ont une expérience universitaire, sont docteurs et ils auraient pu faire carrière à l'Université, une carrière déterminée entièrement par leurs publications et leur recherche. L'enseignant chercheur en France n'est pas reconnu par ses pairs pour ses quelques heures d'enseignement par semaine mais pour ses articles dans les revues spécialisées. Le professeur de prépa au contraire doit beaucoup enseigner, et faire passer des Kholles. Sa promotion dépend de la qualité de son enseignement.

Personne n'est dupe, les prépas intégrées à l'Université ne seront plus des prépas, les professeurs de Cpge alignés sur un statut universitaire, penseront plus à leur recherche qu'aux copies.

De la même manière les écoles recrutant au niveau du bac sont profondément différentes de celles qui recrutent après une CPGE, tout simplement parce que cette formation ne passe pas par la case prépa.

Une prépa peut vous apporter le soutien d'un réseau souvent plus efficace que celui de la grande école. Depuis près de cinq ans le réseau

Linkedin que j'ai mis en place a permis de proposer des centaines de stages, de cdd et de CDI. Le souvenir de vieux profs, de bons camarades, de voyages, de galères communes, cela ne s'oublie pas.

Pendant plus de trente ans j'ai eu la chance extraordinaire de côtoyer des étudiants pas tous travailleurs mais pratiquement tous attachants, avec des collègues parfois un peu excentriques mais presque tous passionnés. La prépa marque l'étudiant souvent bien plus que l'école et crée des liens indestructibles. Une aventure humaine irremplaçable souvent décriée par le pseudo modernisme.

La prépa apporte beaucoup de savoirs mais plus encore de savoir-faire. Les recruteurs ne s'y trompent pas, la prépa compte souvent autant que l'école. Le passage par cette filière apporte des garanties en matière de capacité de travail, d'efficacité, de productivité et sans doute de respect des hiérarchies et des procédures.

L'étudiant issu de cpge possède un bon niveau de culture générale, utile non seulement en mathématiques mais surtout en langues vivantes. La philosophie, l'histoire, l'économie lui permettent un recul critique plus que nécessaire

Les Cpge sont bien moins sélectives que ne le rapporte la légende, 8 à 9000 étudiants se partagent 8000 places proposées chaque année par les établissements de la Conférence des Grandes Ecoles. L'important pour le bachelier est de trouver la prépa qui correspond à son niveau.

Les prépas demeurent encore aujourd'hui de grandes inconnues dans les milieux populaires et en province. Dans les années 2000 les cpge ont bénéficié d'une formidable ouverture sociale grâce aux efforts de Claude Boichot. J'ai participé à cette aventure et j'étais fier d'inscrire plus de boursiers que l'Université voisine. Je ne suis plus certain que l'aventure continue…

Les catégories plus privilégiées les connaissent mieux mais paradoxalement elles sont tentées par d'autres formations pour leur progéniture. Il y eut la fascination de Sciences Po à l'époque de Richard Descoing, il y a aujourd'hui la tentation d'universités canadiennes. La perspective de travailler beaucoup fait fuir le moins courageux surtout s'ils peuvent compter sur des relations familiales de bon niveau pour intégrer l'entreprise.

Comment ne pas conseiller de savourer la filière des Cpge avant qu'elle ne soit détruite car elle souffre d'un défaut impardonnable, elle assure la réussite de ceux qui passent par là.

J'ai toujours appelé à se méfier des sirènes de la facilité. Les écoles qui recrutent après le bac ne permettront jamais aux étudiants d'accéder à un niveau de culture générale et aux habitudes de travail indissociables de la CPGE.

Une prépa, soit, mais quelle prépa ?

Tout peut sembler simple, un bachelier littéraire optera pour une hypokhâgne, un scientifique pour une prépa ECS, un économiste pour une prépa ECE, un techno pour une ECT.

Les programmes sont d'ailleurs conçus dans cette optique ainsi que les coefficients. Des subtilités existent, un bachelier S ne peut s'inscrire via Parcoursup dans une prépa éco (ECE) publique ou privée sous contrat mais il peut aller dans une khâgne BL préparer le concours pour littéraire. Le même bachelier S peut s'inscrire hors Parcoursup dans une prépa économique privée hors contrat… Pourquoi une telle stratégie ? Elle n'apporte rien au scientifique car les épreuves de maths deviennent difficiles en prépa ECE, les chances ne sont pas supérieures pour le candidat. Le seul gagnant dans l'affaire est la classe prépa qui cherchera à recruter prioritairement des bacheliers S.

Comprendre Parcoursup : une réforme brouillonne et inachevée

Toutes les filières de l'enseignement supérieur deviennent sélectives mais le réforme est inachevée.

Pour les filières traditionnellement sélectives la procédure s'allonge avec des rentrées plus incertaines mais il n'y a pas de révolution et les établissements s'adapteront. Les meilleurs étudiants devraient être épargnés.

Faut-il le rappeler, Apb avait été conçu pour des formations sélectives et même initialement pour les classes prépas. L'élargissement à l'ensemble du système n'était pas cohérent et les algorithmes ne pouvaient gérer le recrutement dans des sections sans sélection.

Plutôt que d'assumer en généralisant la sélection à toute les formations gérées par APB, en donnant de réels moyens, le gouvernement a mis en place une sélection inavouée et a remplacé APB par un processus kafkaïen et anxiogène . Il faudra attendre septembre pour bien des étudiants postulant à une université..

APB est mort remplacé par « Parcoursup » .

De mi-janvier à mi mars, les lycéens s'inscrivent sur Parcoursup, ils y déposent leurs vœux d'orientation dans le supérieur.

Le nombre maximal de vœux est de 10 pour toutes les formations, certains vœux (comme en prépa) pouvant être multiples.

Un vœu sur Parcoursup correspond au choix d'une filière en CPGE. Le candidat pourra sélectionner plusieurs établissements associés (10 par filière, dans la limite de 20 établissements toutes filières confondues). Ainsi, sélectionner 4 établissements en MPSI, 4 établissements en PCSI et 4 établissements en PTSI correspondraient à l'émission de seulement 3 vœux.

La demande de lycées avec internat et sans internat ne doublera pas le nombre de vœux. Ainsi, demander « PCSI dans le lycée A avec internat » et « PCSI dans le lycée A sans internat » compterait pour un seul vœu.

Il n'y a pas à hiérarchiser les vœux. C'est la grande différence avec APb

Le conseil de classe du second trimestre examinera chaque vœu et émettra un avis sous la forme d'une « fiche avenir » transmise aux établissements demandés. Cette fiche avenir sera accompagnée des bulletins de Première et de Terminale ainsi que des notes aux épreuves anticipées du baccalauréat.

Les différents lycées demandés ne connaitront pas les autres vœux des candidats lors de l'examen des dossiers.

UNIFORMISATION : cv et lettre de motivation

L'habitude de demander une lettre de motivation vient des établissements privés et publics sélectifs, comme les classes prépas, les BTS ou les bi-licences : dans ces structures, un jury d'enseignants étudie les dossiers des candidats depuis déjà de nombreuses années.

Séverin Graveleau dans le Monde résume les enjeux de la lettre de motivation

« Après avoir rédigé une introduction avec une phrase d'accroche personnalisée ; du type « je candidate à telle formation parce que... », il faut décrire rapidement son parcours d'études antérieur, et, éventuellement, ses expériences professionnelles ou stages, « en expliquant en quoi ils ont permis d'acquérir des compétences, des questionnements, qui seront utiles dans la formation que l'on vise », explique la conseillère. « Si l'élève a réalisé un stage de troisième dans un cabinet d'avocats et qu'il souhaite tenter d'entrer dans un parcours d'affaires juridiques, il est important de le souligner, conseille de son côté Cécile Charasse, directrice de l'IUT d'Allier et vice-présidente de l'Association des directeurs d'IUT.

Il est ensuite possible d'aborder son projet professionnel et d'expliquer en quoi la formation va permettre de s'y préparer et d'y accéder. « Si le projet professionnel est encore flou, préciser le ou les domaines d'activité qui intéressent et montrer en quoi la formation souhaitée permettra de se diriger vers ce ou ces domaines, et de définir son projet ultérieurement », conseille la fiche d'information Parcoursup sur le projet de formation motivé. Les jurys vont essayer de voir « si le candidat sait bien où il met les pieds, s'il s'est renseigné sur la formation et sur ses débouchées », explique Mme Kaci.

Pour les filières sélectives, cette lettre de motivation est « déterminante », affirme-t-elle. « C'est l'élément-clé de la sélection en IUT : la motivation et l'engagement sont fondamentaux », confirme Mme Charasse. Pour ceux qui postulent une licence à l'université, le projet de formation motivé pourra être utilisé par les jurys pour départager les candidats dans les cas où ils seraient plus nombreux que les places disponibles. Le candidat ne pouvant savoir si ce sera le cas pour la licence qu'il convoite, autant peaufiner la rédaction de ce court texte, ce qui demeure possible jusqu'au 31 mars (date limite pour la finalisation des dossiers et la confirmation des vœux).

Il faut se plier au côté factice de l'exercice mais ne pas le pousser à la caricature. Vous devez évoquer le monde de l'entreprise parler de votre intérêt pour l'économie, l'international mais si vous en arrivez à vibrer pour un métier très précis, on ne vous croira pas.

Si un établissement vous intéresse vraiment je vous invite à parcourir son site internet et à rechercher les spécificités du projet pédagogique. N'hésitez pas à reprendre celles-ci dans votre lettre car les sélectionneurs se savent eux aussi sélectionnés et ils détestent les candidatures à la chaine. Ils apprécient les étudiants qui font un effort pour les connaître. Vous candidatez pour une prépa commerciale et vous venez de S, positivez pour votre préférence sur une prépa d'ingénieur. Vous venez d'une autre section, rassurez-les-vous préférez la prépa et ce qu'elle apporte à une école post bac.

Je le répète, insistez si un établissement vous intéresse vraiment, et si votre dossier correspond à l'attente de la prépa.

Soyez modeste et réaliste sur votre niveau

Sur Parcoursup, le CV est découpé en cinq rubriques à remplir : « Formation », « Langues », « Compétences », « Expériences professionnelles » et « Centres d'intérêt ». Dans les trois dernières rubriques, il peut être judicieux de valoriser « toutes les activités extrascolaires auxquelles le candidat ne pense pas spontanément », explique la conseillère. Cela peut-être « d'avoir fait du bénévolat, avoir été baby-sitter, même si c'est dans un cadre familial, de faire du sport dans un club, etc. ». Il peut aussi être intéressant d'évoquer les activités ou les projets en groupe réalisés pendant ses études (type travaux pratiques encadrés, TPE). Après chacune de ces activités, le candidat peut détailler succinctement quelles compétences ou savoirs il en retire.

Un responsable des admissions peut aussi prendre en charge la lecture de ces lettres de motivation (projet de formation motivé) pour faire un pré tri des candidatures.

Sélection : le triomphe de la machine

Un outil d'aide à la décision est mis en place, manière d'aider …ou de fliquer les établissements :

Par le biais de cet "outil d'aide à la décision", la commission des vœux déterminera quels critères elle souhaite prendre en compte. C'est ce paramétrage que l'on appelle "algorithme local". Si l'outil est le même pour toutes les formations, sélectives ou non, les commissions ont la main sur les pondérations à apporter à chaque critère. Faut-il donner plus de poids aux notes de terminale ? À certaines matières ? Quelle place laisser au projet de formation motivé ? Faut-il accorder un bonus à certains lycées pour prendre en compte des différences de notation ?

Notez que ces paramétrages doivent être conformes à ce que la formation avait indiqué dans Parcoursup, dans l'onglet "Examen du dossier" (exemple ci-dessous : la fiche Avenir et le projet de formation motivé). Puis chaque commission proposera au chef d'établissement les réponses à apporter aux lycéens et aux étudiants en réorientation. Ces résultats sont à renseigner avant le 18 mai au plus tard dans Parcoursup, afin que l'algorithme national prenne le relais. Il pourra modifier le classement si ce dernier ne satisfait pas le quota minimum de boursiers et le quota maximum de candidats hors secteur.

Difficile dans ces conditions de prendre en compte des critères subjectifs de dernier moment ou l'intérêt manifeste porté à l'établissement (présence JPO)

Les candidats sont alors classés les meilleurs auront oui, les autres seront en attente et les autres refusés ; Par prudence certains établissement ne refuseront personne.

Pour chaque vœu de classes préparatoires et filières sélectives vous recevrez une des trois réponses possibles : OUI, NON et EN ATTENTE.

OUI = Si vous le voulez, vous avez une place dans cette filière, dans ce lycée.

NON = Votre candidature a été rejetée dans cette filière et ce lycée. Cela ne signifie pas que votre dossier n'est pas en adéquation avec cette filière en général, mais que les professeurs de ce lycée considèrent qu'il ne vous convient pas.

EN ATTENTE = Les professeurs de ce lycée considèrent qu'il vous convient mais comme les capacités des classes préparatoires sont limitées, on ne peut pas encore vous assurer que vous serez pris, cette situation est susceptible d'évoluer. Plus l'établissement est prestigieux plus le en attente prend des allures de refus.

A la différence d'APB il ne vous est pas demandé de hierarchiser vos vœux , l'élimination et le choix interviennent maintenant avec beaucoup de lourdeur

Contrairement au système précédent (APB), cette fois, les établissements demandés vous donneront toutes une réponse. C'est à ce moment-là que vous devrez choisir de façon définitive où vous ferez votre rentrée .

À chaque fois qu'il a plusieurs réponses positives, le lycéen doit en éliminer certaines pour n'en conserver qu'une. Au fur et à mesure que des « oui » sont éliminés, des places se libèrent dans les lycées à classe préparatoires et d'autres candidats sont appelés.

Vos différentes actions possibles et leurs conséquences

Si vous avez au moins deux "oui", vous devez renoncer à tous les "oui" sauf un (celui qui a votre préférence). Deux choix s'offrent alors à vous.

Vous décidez de l'accepter définitivement. Dans ce cas, la procédure Parcoursup s'arrête pour vous. Il ne vous restera plus qu'à vous inscrire dans la formation que vous avez acceptée après les résultats du bac. Pour les dates précises d'inscription administrative, renseignez-vous directement auprès de l'établissement concerné.

Vous pouvez aussi "maintenir" ce vœu, et "maintenir" également vos vœux "en attente", parce que vous attendez une réponse d'une formation qui vous plaît davantage que celle qui vous a déjà dit oui. Vous pourrez voir votre rang (une amélioration par rapport à APB). Cela vous permettra de décider si vous avez des chances de progresser suffisamment dans la liste d'attente pour avoir une proposition avant la fin de la session.

N'oubliez pas de "renoncer" aux vœux qui ne vous intéressent plus, car cela permet de libérer des places pour les autres candidats.

Pour les classes préparatoires et les écoles postbac le remplissage de leurs classes, est soumis à un équilibre complexe. Par conséquent, dire oui à trop de candidats signifierait pour l'établissement risquer le sur-remplissage. Et un recrutement trop prudent déboucherait sur des classes en sous-effectif.

Lorsqu'un candidat prend sa décision d'intégrer, les autres places qui lui étaient accordées retournent dans le pot commun.

Mais sans visibilité accepte a-t-il la première proposition venue alors qu'il pourra espérer une meilleure proposition ?

Pour les universités et les anciennes filières « non sélectives »...une sélection hypocrite

Très peu de différences avec les filières ouvertement sélectives

1)Pas de culture de l'étude des dossiers et un statut d'enseignant chercheur incompatible avec le temps à consacrer à cette sélection. La sélection se fera donc via l'outil de décision, la lettre de motivation sera peu prise en compte .

Là où les candidatures se comptent en milliers, il est matériellement impossible aux professeurs de tout lire. Beaucoup de facs, et notamment celles de sport, se sont mises d'accord pour mettre au point un logiciel qui triera automatiquement les candidatures, en fonction de leurs notes et d'autres critères quantifiables. Les lettres ne seront lues « qu'à la marge », explique-t-on dans le milieu universitaire ARTICLE DU Monde

2) Les formations n'ont pas le droit de répondre NON mais c'est une hypocrisie.

Vous pourrez avoir trois types de réponses :

– oui = la formation vous accepte,

– oui si = la formation vous accepte à condition que vous suiviez un parcours personnalisé, car vous n'avez pas tous les attendus requis,

– en attente = si la capacité d'accueil est dépassée. Si vous maintenez ce vœu, vous pourrez obtenir un "oui" ou un "oui si" uniquement des places se libèrent.

Rien ne les empêche de classer les meilleurs candidats en oui suivis des oui si (à utiliser en vraie liste d'attente) puis de classer les autres dans une liste d'attente qui recevra une réponse négative en septembre.

Les établissements qui ont du mal à remplir devront prendre tout le monde, pour les autres la sélection sera comparable aux filières officiellement sélectives.

Tous les candidats ayant un oui ne sont pas certains d'avoir une place .

Certaines formations annoncent qu'elles mettront oui à tout le monde, comme à l'université Paris 1, en licence de philosophie et d'AES (administration économique et sociale).

Quid du profil des candidats recalés, faute de place ? Il pourra s'agir tout aussi bien de candidats acceptés sans condition que de candidats soumis à une condition de parcours d'accompagnement. En effet, les commissions des vœux peuvent intercaler les dossiers "oui" et "oui, si" dans leur classement des dossiers. Elles doivent aussi tenir compte de quotas de boursiers et des candidats hors académies.

Pour les bacheliers qui n'auraient aucune proposition d'admission, une commission pilotée par le recteur interviendra début juillet, dès les résultats du bac, pour les aider à trouver une formation, si possible compatible avec leur "préférence" d'orientation. Mais elle ne pourra pas aider celles et ceux qui auront eu une proposition, même si celle-ci leur déplaît.

. http://etudiant.lefigaro.fr/college-lycee/apb/

Une prépa ne se choisit pas en faisant confiance au hasard, la sélectivité, la culture maison diffère considérablement et n'oubliez jamais que les bons candidats font les bonnes prépas dans les classements. Il sera plus difficile d'apprécier la véritable valeur ajoutée d'une cpge or seule cette valeur ajoutée compte.

Aujourd'hui il vous faudra aller sur les sites des établissements et aux journées portes ouvertes pour tenter de comprendre ce qui les distingue les uns des autres.

Les classements des CPGE constituent pour la presse une source de revenus, ils ne valorisent jamais les plus méritants et conduisent à des stratégies de contournement des règles communes. La chasse aux cubes permet à certains établissements de constituer des classes à majorité de cubes ou de bacheliers S et mieux à les présenter aux concours sous une appellation spécifique. Cette stratégie légale dans le privé hors contrat a fait les bons résultats d'IPESUP, Intégrale et même en son temps de Saint Jean de Douai pourtant sous contrat.

Bien entendu ces établissements ont aussi des qualités qui expliquent les résultats et en particulier une liberté en termes d'horaires et d'enseignement.

Pour les établissements publics ou privés sous contrat les règles de fonctionnement sont très proches mais chaque établissement peut se distinguer par des suppléments : encadrement, internat, internat externé, études du soir, organisation de Kholles, études, travail encadré, conférences…

Accordez aux aspects matériels une place importante, à plus de 45 minutes de transport aux heures de pointe le choix d'un hébergement sur place s'impose.

Les données sigem permettent un classement mais il est nécessaire de regrouper les effectifs d'une même institution.

A partir des indications de l'Etudiant vous cumulerez : IPESUP et prépacom , Intégrale et Initiale.

A vous à partir de là d'établir un classement purement quantitatif qui ne remplacera jamais un contact avec des anciens étudiants. Attention à tenir compte du niveau d'exigence de la prépa, de la réalité de votre dossier et de la sélectivité de l'école de vos rêves.

Il n'existe malheureusement pas de classement disponible pour les ECT et pour les littéraires. Les effectifs concernés sont plus modestes mais progressent. Pour obtenir une école identique la réalité du concours traduit des inégalités. Pour un bachelier ayant la mention bien le concours sera plus facile pour un ECS et pour un ECT, plus difficile pour un ECE et pour un littéraire.

Les concours post prépas pour quelles écoles ?

 Les concours écrits se structurent autours d'épreuves communes et d'épreuves spécifiques. Ainsi pour les concours gérés par la Banque Commune d'Epreuves de la CCIP les écoles organisent leur recrutement en choisissant dans la banque **quatre épreuves communes.** La banque propose des épreuves de difficulté variable déterminant la sélectivité des écoles

Une épreuve de contraction synthèse :

• Contraction de texte - durée 3 h – conception HEC Paris Cette épreuve consiste en une contraction, ne dépassant pas un nombre imposé de mots, (400 mots plus ou moins 5 %), d'un texte (ou de plusieurs textes se rapportant à un même sujet).

• OU l'Étude et synthèse de textes - durée 4 h – conception ESCP Europe La synthèse comporte un nombre limité de mots (300 mots plus ou moins 10 %).

• OU Résumé de texte - durée 3 h – conception EM Strasbourg

Une épreuve de langue 1 et une épreuve de langue 2

• Épreuves de la Banque de langues ELV - conception commune EMLYON, ESCP Europe, ESSEC, HEC Paris

• OU Épreuves de la Banque de langues IENA

Une Dissertation de culture générale - durée 4 h Thème au programme de l'année 2017-2018 : « La personne » Les littéraires ne sont pas concernés.

Ou Épreuves conçues par les écoles HEC Paris, ESSEC et EDHEC, EMLYON.

Ou Épreuve conçue par ESC LA ROCHELLE

A ces trois épreuves communes les écoles rajoutent des épreuves spécifiques par option.

Les ECS passent une épreuve d'histoire géographie géopolitique au moins :

L'épreuve de l'Escp pour Hec, EM LYON , Edhec ,Audencia,Gem

L'épreuve de l'Essec pour l'Essec

S'y ajoutent une à deux épreuves de maths selon le même principe. Les candidats aux parisiennes passeront une épreuve commune et une épreuve spécifique.

EM Lyon propose une épreuve réputée plus accessible utilisée par d'autres écoles pour leur recrutement.

 Les ECE passent une épreuve d'économie, sociologie et histoire du monde contemporain au moins :

L'épreuve de Hec

L'épreuve de l'Escp , EM LYON , Edhec ,Audencia,Gem

L'épreuve de l'Essec pour l'Essec

S'y ajoutent une à deux épreuves de maths selon le même principe. Les candidats aux parisiennes passeront une épreuve commune et une épreuve spécifique.

EM Lyon propose une épreuve réputée plus accessible utilisée par d'autres écoles pour leur recrutement.

Les ECT passent une épreuve de mathématiques conçue par l'ESCP et une épreuve d'économie droit avec deux possibilités

ESSEC L'épreuve d'économie-droit est composée de deux parties séparées et indépendantes, chacune des deux disciplines représentant 50% de la note totale. Pour le concours 2016, le thème de la veille juridique est « La liberté d'entreprendre »

ESC TROYES L'épreuve comporte deux sous épreuves.

Les étudiants passent également une épreuve de management et sciences de gestion. Avec deux possibilités, l'épreuve conçue par Hec et une épreuve conçue par EM Strasbourg.

Les littéraires venus de khagne

Voie B/L Lettres et sciences sociales

1. Dissertation littéraire – Épreuve conçue par HEC Paris et/ou ESSEC - Durée : 4 heures - Programme B/L : Français : pas de programme imposé

2. Dissertation philosophique – Épreuve conçue par HEC Paris et/ou ESSEC - Durée : 4 heures - Programme B/L : Programme de philosophie du baccalauréat

3. Histoire – Épreuve conçue par ESCP Europe - Durée : 4 heures

4. Épreuve à option - Durée : 4 heures - Programme B/L(1) : Le candidat compose sur l'une des épreuves suivantes, choisie lors de l'inscription en ligne. ■ une épreuve de Sciences sociales - Épreuve conçue par HEC Paris – AUDENCIA et/ou ESSEC ou ■ une épreuve de Mathématiques - Épreuve conçue par HEC Paris et/ou ESSEC

Voie BEL (ENS Ulm A/L et ENS de Lyon)

1. Dissertation littéraire – Épreuve conçue par ESSEC - Durée : 4 heures - Programme commun 2015-2016 BEL (ENS Ulm A/L et ENS de Lyon

2. Dissertation philosophique – Épreuve conçue par HEC Paris - Durée : 4 heures - Programme commun 2015-2016 BEL (ENS Ulm A/L et ENS de Lyon) - La politique, le droit.

3. Dissertation d'histoire – Épreuve conçue par ESCP Europe - Durée : 4 heures - Programme commun 2015-2016 BEL (ENS Ulm A/L et ENS de Lyon) –.

ou* Dissertation de géographie – Épreuve conçue par ESSEC - Durée : 4 heures - Programme 2015-2016 ENS Ulm A/L

Les étudiants passent un deuxième grand concours dit ECRICOME PREPA, il est organisé sur trois jours et l'on retrouve six épreuves :

Quatre sont communes aux ECS et aux ECE

Une épreuve de LV1, une de LV2, une épreuve de contraction, une épreuve de dissertation.

Les ECS passent ensuite une épreuve de maths spécifique et une épreuve de Hgg (géopolitique)

Les ECE passent une épreuve de maths et une épreuve d'économie, sociologie, histoire.

Les ECT passent les mêmes épreuves de lv et de dissertation puis une épreuve de management, une d'économie droite et une de maths. Ils n'ont pas de résumé.

Les candidats littéraires ULM A/L, ENS Lyon et B/L ne passent aucune épreuve écrite spécifique à ECRICOME LITTERAIRES mais uniquement les épreuves du concours de la BEL ou BL-SES ; ECRICOME utilisera les notes écrites obtenues au concours des écoles normales supérieures.

Le concours Ecricome concerne Neoma , Kedge .

Toutes ces épreuves écrites conduisent à une admissibilité. Les choix d'épreuves et les barres d'admissibilités traduisent une inégale sélectivité des écoles à l'écrit.

1/Les écoles très sélectives utilisent des épreuves spécifiques et ont des barres d'admissibilités très élevées : HEC ESSEC ESCP.

2/Les écoles sélectives utilisent en partie des épreuves des parisiennes et en partie des épreuves spécifiques : EM LYON, EDHEC, Audencia

3/Les écoles assez sélectives font de même mais leur barre est moins élevées, on y ajoute des écoles du concours Ecricome : Grenoble, Neoma,Toulouse,

4/ Les écoles peu sélectives : Icn, Skema, Kedge, Strasbourg, Rennes…

5/Les autres écoles sélectionnent très peu.

Les admissibles passent ensuite des épreuves orales d'admission. Il s'agit le plus souvent de deux épreuves de langues et d'un entretien de personnalité. Ce dernier peut débuter par un exposé, il peut également s'accompagner d'un questionnaire ou d'un cv.

Il vise principalement à découvrir la personnalité. Attention à ne pas se cacher derrière un masque : globe-trotters, loup aux dents longues …. Ce qui importe au jury : la capacité à donner du sens à sa vie et aux évènements qui ont marqué, d'interpréter les expériences et de les relier éventuellement entre elles, pour donner une certaine cohérence.

Le candidat doit montrer une curiosité pour la vie de l'entreprise, connaitre des exemples concrets, des secteurs. Il cherchera également à montrer sa curiosité, son adaptabilité. Une expérience de type job ouvrier est toujours appréciée.

Attention chaque école attend un étudiant correspondant le mieux à son projet, à sa spécificité et une étude préalable de la plaquette s'impose. Une école ne se conçoit pas sans une région, une ville, donc une connaissance du milieu local. Vous retrouverez plus loin les attentes aux entretiens école par école.

Les Cpge organisent des préparations aux entretiens. Une de mes anciennes étudiantes Axelle Raffin a de son côté mis en place un système de coaching : http://www.axentretien.fr/

EM lyon et Edhec sont les plus sélectives sur l'entretien.

La part de l'entretien est réduite dans les parisiennes par la présence d'autres épreuves. A Hec un Triptyque remplace l'entretien et l'on retrouve à l'oral toutes les matières de l'écrit. A l'Essec des tests très sélectifs apparaissent et à l'Escp on trouvera la matière académique dominante de l'option à l'oral (maths, ESH…).

http://www.ecricome.org/

http://www.concours-bce.com/presentation_concours_bce

Le brouillard des admissions sur titre

Depuis 2015 certaines écoles ont cherché à augmenter leurs effectifs mais très vite elles ont buté sur les limites quantitatives de la filière prépa. Cette dernière ne peut pas recruter plus de 8000 étudiants chaque année et toute augmentation du nombre de places aux concours cpge des écoles les plus prestigieuses entraine un tarissement du recrutement pour les autres.

L'urgence serait d'augmenter le nombre de classes préparatoires mais ce n'est pas dans l'air politique du moment. Le prétexte en serait le coût par étudiant, habile manipulation des chiffres car en ne prenant en compte que les étudiants présents six mois après la rentrée, la filière prépa est moins onéreuse que la filière universitaire. Une heure de cours de professeur de cpge coûte en effet deux fois moins à l'Etat qu'une heure d'enseignant chercheur de l'Université car les obligations de service sont différentes.

Les écoles contraintes par le nombre de préparationnaires cherchent alors d'autres formes de recrutement via des concours dit d'admission sur titre. Les candidats sont jugés sur leurs titres et diplômes, leurs expériences et leurs stages et passent un concours simplifié.

L'admission sur titre n'est pas concurrente de la filière prépa, elle n'est ni la plus simple ni la plus facile. Les concours se font à partir d'une sélection sur dossier, d'épreuves écrites, de tests de logique mathématique et verbale, d'épreuves orales. Le candidat sérieux et laborieux réussira mieux via la filière cpge classique. Le paresseux sera plus naturellement contraint à travailler en prépa.

Mais à bien y réfléchir, qu'est-ce qui distingue en fin de cursus un étudiant passé par l'Université, ses masters ou l'IAE et un étudiant issu d'admission sur titre puis d'école de commerce ? A peu près rien. La différence vient de la prépa, c'est cruel mais c'est ainsi car seule cette formation donne un niveau de culture général complet (avec l'IEP).

La cible naturelle des admissions sur titre est l'Université. Il s'agit de récupérer les meilleurs étudiants de la filière universitaire au niveau de la licence ou du master pour les intégrer en deuxième année du programme Grande Ecole.

Certains étudiants titulaires d'un master 2 investissent même dans le programme grande école et ils se lancent dans trois ans d'études supplémentaires mais ils sont moins nombreux que ne l'espéraient les écoles.

Les meilleurs étudiants des meilleures universités ne s'intéressent aux concours des grandes écoles qu'après avoir terminé un cursus complet. Le programme grande école les séduit souvent moins qu'un MSC ou un MS en école. Les masters d'école sont souvent concurrencés par ceux des Universités et même par les institutions étrangères. Nous serons le plus souvent dans des logiques de double compétence : un MS de gestion en école pour un étudiant titulaire d'un M2 en droit.

Les candidats qui se présentent avec une licence aux concours d'admission sur titre sont souvent des étudiants en réorientation. Parmi eux on peut trouver de bons candidats souhaitant tenir compte du marché du travail. On peut malheureusement trouver des stratèges du contournement facilement attirés par le miroir aux alouettes d'école offrant une multiplicité de campus à l'étranger ou mieux une collection de doubles diplômes sans doubles compétences.

Les écoles se tournent également vers la filière des étudiants étrangers mais tout dépendra alors de leur notoriété car la concurrence avec les institutions anglo-saxonne est rude. Les étudiants étrangers apportent certes de l'argent et de bons classements mais le niveau n'est pas toujours au rendez-vous surtout avec ceux qui viennent d'un très grand pays d'Asie.

Les admissions dans les Programmes Ecoles demeurent cohérentes si elles associent une formation de premier cycle académique que ce soit en CPGE (littéraires, commerciales, mais pourquoi pas une prépa DCG et même spé) ou que ce soit en premier cycle universitaire à la formation en gestion du programme.

Cette fusée à deux étages permet aux grandes écoles de faire la différence auprès des recruteurs avec les écoles post bac en cinq ans.

Contraintes dans leur recrutement en CPGE et à l'Université bien des écoles veulent recruter en admission sur titre des étudiants déjà… en école de commerce.

Nous retrouvons le grand brouillard des formations dites bachelors mises en place dans les écoles. Pour être attractives nous avons vu que ces programmes devaient proposer une poursuite d'études délivrant le grade de master. Après avoir fait une école de gestion le plus souvent en quatre ans il n'est pas cohérent d'intégrer une autre école de gestion généraliste dans laquelle l'étudiant refera en deux ans ce qu'il a fait en quatre ...

La logique voudrait qu'un étudiant de bachelor intègre le marché du travail puis quelques années après, pour se spécialiser un MBA ou un MS. C'est exactement ce qui se passe dans les pays anglo-saxons où le programme grande école n'existe pas et où les institutions les plus prestigieuses en gestion (Harvard, Wharton) ne sont présentes qu'en postgraduate. En France, une école est exclusivement en postgraduate, l'Insead.

Chapitre 3

Derrière le brouillard du marketing, l'école

Que peut-on attendre d'une bonne école de commerce ?

L'école vue par le lycéen

Les écoles   réalisent des études de marché et répondent aux attentes des clients potentiels, les futurs étudiants et de prescripteurs, les orienteurs et les journalistes. Par expérience je sais qu'un élève de terminale rêve d'une formation qui le conduira à l'international et aux métiers de l'humanitaire.   Ainsi 90% de la page d'accueil de l'IESEG, école post bac qui monte dans le microcosme, sont consacrés pour le mois de janvier 2016 à cette thématique séduisante :

« Comment les entreprises peuvent-elles atteindre les consommateurs pauvres dans les pays riches ? D'après un entretien avec Loïc Plé et son article « Serving poor people in rich countries: the bottom-of-the-pyramid business model solution », cosigné avec Jacques Angot (Journal of Business Strategy) Un étudiant de l'IÉSEG réussit son défi humanitaire pour Noël .Un étudiant en 3ème année, Arthur Berthault, a monté, avec ses amis, une initiative humanitaire qui a rencontré un succès incroyable ces dernières semaines. »

Skema de son côté propose un embarquement dans ses multiples campus et veut offrir une dimension internationale.

Mieux, la nouvelle mode du « bien être », mise en avant par certaines écoles :

http://www.lemonde.fr/campus/article/2018/03/15/mba-des-candidats-en-quete-d-epanouissement_5271154_4401467.html

« Des étudiants assis bien droit sur leur chaise, les yeux mi-clos, les bras le long du corps, concentrés sur leur respiration en pleine méditation... Vous n'êtes ni dans un monastère ni dans un ashram, mais à Angers, dans un cours de macroéconomie du programme grande école de l'ESSCA, une école de management postbac.

Lassé de voir ses étudiants déconcentrés par les alertes de leur smartphone ou l'arrivée d'une nouvelle notification Facebook sur l'écran de leur ordinateur, Stéphane Justeau, professeur d'économie et directeur de l'Institut de pédagogie avancée de l'école, s'est demandé comment améliorer leur concentration. Et a eu l'idée de leur proposer des exercices de "pleine conscience". Une pratique méditative laïque héritée du bouddhisme qui a fait ses preuves sur le plan scientifique.

"À la fin des années 1970, Jon Kabat-Zinn, médecin et professeur à l'université du Massachusetts, a montré l'impact de la pratique de cette méditation sur les processus mentaux, l'attention, la régulation des

*émotions, énumère le professeur. Aujourd'hui, pas moins de 450
articles ont été publiés sur ce sujet."*

*À Kedge (Bordeaux, Marseille), la pratique de la méditation a fait son
entrée à l'école en 2014 à l'occasion de la "quinzaine du bien-être".
Depuis, les étudiants se pressent chaque année, en novembre, à l'atelier
d'une dizaine d'heures de respiration et de méditation, dispensé par
Amanda Schmitt, la responsable du centre Art de Vivre, une école située
à Marseille.*

*"Beaucoup de difficultés en entreprise sont liées au fait que les
différents collaborateurs ont du mal à entendre les signaux envoyés par
leur corps", observe Christelle Tornikoski, professeure de management
à GEM. Une difficulté que la "pleine conscience" peut aider à résoudre.*

*La business school grenobloise a été l'une des premières à s'intéresser,
il y a vingt ans, à la pleine conscience. Et la seule sans doute à proposer
à ses étudiants du programme grande école une spécialisation de 27
heures centrée sur le sujet, alliant connaissances du domaine de la
santé et du monde de l'entreprise, et pratiques de la pleine conscience
et de l'intelligence collective. Nom de code : "La force du manager de
demain : réflexivité et cœur à l'œuvre". Le centre de développement
personnel et managérial de GEM propose à l'ensemble de ses étudiants
des ateliers "pleine conscience".*

Tout cela est plus sexy que des cours d'Excel ou une aide sérieuse à
l'orientation .Il m'arrive de me demander si l'on peut travailler en
école. …

Les institutions plus traditionnelles utilisent leur page d'accueil comme
portail pour présenter leurs programmes et alors l'approche est
infiniment moins attirante.

International et humanitaire, l'attente du candidat a bien été identifiée
mais il ne faudrait pas oublier d'autres attentes implicites.

Ces attentes sont bien résumées sur le site « dimension commerce » :

http://www.dimension-commerce.com/8-bonnes-raisons-de-faire-une-
ecole-de-commerce

*1. Un emploi quasi-assuré ! D'après les résultats de <u>l'enquête 2013 menée par la Conférence des Grandes Ecoles</u> sur l'insertion des jeunes diplômés dans la vie active, **73,3% des managers diplômés de Grande Ecole en 2012 sont en situation d'emploi en CDI moins de 2 mois après leur sortie d'école**.*

2. Des métiers bien rémunérés

3. Encadrement soigné... étudiants dorlotés

Un cocon – familial – troqué contre un autre !

4. Ouverture à tous les métiers de l'entreprise

Organisés autour de 2 années de tronc commun généraliste suivies d'une année de spécialisation (pour les <u>écoles de commerce en 3 ans après prépa</u>), les cursus proposés par les écoles de commerce offrent un large panel de possibilités de carrière aux étudiants.

Certes spécialisés en gestion, en communication, en ressources humaines, en logistique, etc., ils sont aussi reconnus pour leur polyvalence.

Faire le choix d'une école de commerce peut aussi constituer une bonne entrée en matière pour l'étudiant hésitant, souhaitant, avant de se propulser vers un métier précis, tester un maximum de domaines...

5. Connaissance rapide du monde de l'entreprise

*Les écoles de commerce sont idéales pour toucher très vite du doigt la vie active : les stages obligatoires jalonnent la vie étudiante et l'immersion en entreprise ne tarde jamais, si bien que les jeunes diplômés sortent généralement **avec un minimum de 12 mois d'expérience professionnelle !***

6. L'International à portée de mains

7. Vie associative trépidante et ambiance assurée

8. Prestige côté CV

Le site parle bien d'international mais pas exclusivement et l'humanitaire semble oublié**... et si la réalité se révélait plus pragmatique ?**

La bonne école vue par le monde du travail

Les attentes des recruteurs, des cadres d'entreprises ne sont pas exactement les mêmes que celles des étudiants et il peut y avoir inadéquation entre la représentation que l'étudiant se fait de l'école idéale et la réalité de l'emploi.

Une petite enquête via mes 3000 anciens étudiants inscrits sur Linkedin m'apprend que 85% vivent et travaillent en France. La dimension internationale concerne surtout les premières années qui suivent le diplôme (1/4 des jeunes diplômés). Il serait dangereux de ne pas prendre en compte la réalité du marché national de l'emploi.

Mais pourquoi ont-ils fait une école de commerce ?

40% sont des commerciaux au sens large (marketing, ventes, fonctions commerciales)

35% travaillent dans la finance, le contrôle, le conseil

5% sont dans les services juridiques

5% dans le SI

5% dans la RH

5% dans l'entreprenariat

5% pour tout le reste, art, enseignement, armée…

Mais peut-être 1/1000 dans l'humanitaire, bien moins que l'enseignement, la chanson ou le clergé catholique. Plus que les métiers de la politique.

Que l'école fasse rêver c'est bien, qu'elle prépare au marché du travail, c'est mieux

J'ai organisé un sondage auprès des diplômés et des étudiants des grandes écoles via LINKEDIN et avec l'aide de deux forums prépahec.org et ecole2commerce.

Le nombre de participants est suffisant (879) pour que les réponses soient significatives.

Il s'agissait de choisir 5 priorités parmi 15 propositions

Plus de la moitié des participants (50 à 60%) ont choisi comme priorités la qualité des relations avec le monde professionnel à savoir.

 -faire intervenir des professionnels dans l'enseignement

– mettre le réseau des anciens à la disposition des étudiants de l'école

– organiser des rencontres avec les recruteurs

Ces priorités sont au cœur du modèle français : puissance du réseau, liens avec l'entreprise et les recruteurs. Elles sont rarement prises en compte dans les classements de la presse française et pourtant une bonne école reste plus que jamais une école qui place bien ses diplômés sur le marché du travail

Entre 40 et 50% des participants jugent prioritaires la qualité de l'insertion internationale de l'école

-recruter des professeurs docteurs si possible étrangers

-privilégier le partenariat avec des universités et des écoles étrangères

Ne nous y trompons pas, il ne s'agit pas d'ouvrir un campus à l'étranger mais bien de bénéficier de ce que l'étranger a de meilleur.

Entre 35 et 40% des participants s'intéressent prioritairement au contenu de la formation. C'est une bonne surprise, l'école est chère, elle doit apporter des savoirs et pas seulement des codes.

-Proposer des cursus intégralement en Anglais

-ouvrir les MSC aux étudiants du programme grande école

-privilégier des formations diplômantes type CFA DSCG AMF

-rendre obligatoire plus d'un an à l'étranger

-privilégier l'alternance

Le décrochage est net pour les propositions qui suivent, elles sont retenues par moins de 20% des participants.

On sera surpris par certains mauvais scores :

-Organiser un double cursus droit n'est retenu que par 1/6 des participants

– permettre le travail salarié des étudiants avec des cours regroupés sur une 1/2 journée par 15%

Certains scores devraient interpeler les auteurs de classements car les critères souvent privilégiés sont balayés par les pratiquants.

–organiser des cursus culturels (moins de 10%)

-donner la priorité aux outils numériques et aux moocs ne séduit que 8% des participants

De nombreuses écoles font de l'ouverture d'un campus à l'étranger le nec plus ultra de leur programme de séduction et sur le modèle des voyages organisés pour le troisième âge des cohortes de petits français partent tous ensemble faire du tourisme à l'étranger.

Je retiendrai seulement qu'envoyer ses étudiants sur le campus de l'école à l'étranger n'est retenu comme prioritaire que par 18% des participants.

Il n'est finalement pas si difficile de définir ce qu'est une bonne école de commerce mais à titre personnel j'ajouterai deux priorités supplémentaires.

La première serait de donner aux étudiants de première année une vision claire des fonctions, des secteurs et des métiers.

La deuxième serait de relancer le projet ambitieux de mixité sociale, lancé par Claude Boichot, il y a une dizaine d'années.

Le portrait-robot de la bonne école de commerce est assez facile à dessiner. Il s'agit d'une école ou les étudiants travaillent avec des professeurs de haut niveau mais également avec des professionnels compétents. Les relations avec le monde professionnel sont étroites. Le réseau d'anciens épaule les étudiants, les écoles participent aux forums, les cours préparent à des certifications professionnelles. L'international passe plus par la dispersion des étudiants dans les institutions partenaires que dans la mise en place d'un campus à l'étranger.

Ce portrait-robot plébiscite le modèle français de grande école et n'a que peu de points communs avec les critères complexes utilisés par la presse pour classer les écoles.

La bonne école selon la presse spécialisée

Les classements des écoles de commerce sont apparus en 1988 avec John Byrne de Business Week. L'inventeur avoue avoir engendré des monstres :

LeClair: *: It sounds like it was pretty innovative and influential back in the early days. Why do you call it a monster now?*

Byrne: It's a monster because everyone has decided to rank schools. There is no perfect way to really rank business schools or any schools. What you have is a lot of imperfect and flawed methodologies. Some of them are frankly journalistically mindless, where people are measuring things that have nothing to do with quality and may even have to do with political correctness.Yeah, I think I created the monster back in 1988 when I put together the first Business Week ranking of business schools. It's a monster because most of the methodologies are flawed. They're imperfect. They're even intellectually dishonest.

Byrne l'a avoué, la plupart des écoles mentent et les classements sont des monstres qu'il faudrait supprimer. Les recruteurs le savent, pas les étudiants qui sont délibérément trompés.

Le brouillard épais des critères utilisés par la presse pour classer les écoles

Dans le monde économique les rankings sont une bonne chose, à la condition de reposer sur une méthodologie claire, des critères vérifiables PAR TOUS.

La presse spécialisée opte pour des critères non vérifiables, pas de banque ressource pour accéder aux données, parfois la méthodologie n'est pas explicitée. Le lecteur doit donc faire confiance et la presse, elle-même faute de disposer des moyens du Financial Times, ne peut vérifier les informations données par le service com des écoles.

Il y a quelque chose d'effrayant à constater les erreurs dans la lecture d'informations simples comme les accréditations.

L'Etudiant a fait le choix heureux de ne pas procéder à un classement général .IL PROPOSE A CHACUN DE CHOISIR SES PROPRES CRITERES ; nous nous contenterons de contester certains de ces critères mais la méthode est bonne, elle peut se révéler fort utile.

Challenges a manifestement vérifié les sources.

Les autres revues ne font malheureusement pas preuve du même sérieux et elles n'hésitent pas à classer sans fournir la méthodologie.

Les critères de sélection ci-dessous sont tous utilisés, nous nous interrogerons sur leurs limites.

Moyenne au bac des intégrés

Note sur 20 calculée à partir de la répartition des mentions obtenues au bac par les admis en 1re année des écoles à bac ou en 1re année du cycle grande école pour les autres en 2015. Mesure le niveau moyen des élèves admis ayant choisi d'intégrer l'école.

Intérêt douteux de prendre compte les notes du bac pour des étudiants qui ont fait au moins deux ans de prépa avant d'intégrer l'école. Il n'y a pas grand-chose de commun entre le niveau d'entrée et le niveau de sortie de la CPGE.

Encore faudrait-il que l'octroi des points pour ce critère soit cohérent… Grenoble, Toulouse, Skema et Neoma recrutent des étudiants qui ont entre 15 et 16 de moyenne. Les deux premières

obtiennent 3 points comme HEC (17,6 de moyenne), les deux autres en ont seulement deux comme des écoles recrutant à 13 de moyenne.

Quelle est la cohérence ?

Pourquoi ne pas partir du nombre de points correspondant à une mention et mettre ensemble les écoles recrutant de 14 à 16

Implication dans la recherche d'excellence

Nombre d'articles publiés par les professeurs de l'école sur 3 ans dans les publications CNRS et FNEGE (Fondation nationale pour l'enseignement de la gestion des entreprises) de catégories 1, 1e, 1g, 1eg et 1. Cet indicateur mesure l'implication des écoles dans la recherche d'excellence.*

Un enseignant chercheur sera-t-il pour autant un bon pédagogue ? Ce critère traduit le tropisme de la fac de luxe … Une école qui préfère se tourner vers des professionnels compétents mais publiant peu sera mal notée

Problème, les informations des écoles sont-elles vérifiées ? Les classements n'ont rien à voir avec ce que les écoles déclarent à la commission des titres. Nous le constaterons plus loin.

Durée du grade de master

En années, durée d'attribution du grade de master (au maximum 6 ans. Depuis 2015, la durée maximale est portée à 5 ans). Plus la durée est longue, plus l'école présente des garanties aux yeux du ministère.

On ne peut comparer que ce qui est comparable, les écoles notées en 2015 seront pénalisées par rapport à celles qui ont eu auparavant une durée de 6 ans. Pénalisées également les écoles ayant connu une fusion récente et à ce titre limitées à une durée plus courte.

Participants aux forums-entreprise

Nombre d'entreprises de plus de 1.000 salariés présents sur les forums recrutement de l'école en 2014-2015. Montre l'aptitude de l'école à mobiliser les grandes entreprises lors de ces manifestations où elles viennent se présenter aux futurs diplômés. Nous ne prenons en compte qu'une seule fois une entreprise présente sur plusieurs forums de l'école, tous campus confondus.

Etrange… Une école réussissant à établir des relations étroites avec une entreprise et amenant cette dernière à être présente plusieurs fois dans ses locaux, ne sera pas valorisée. On aurait aimé que la participation des entreprises à l'enseignement, l'existence de chaires, de parrainages soient pris en compte

Participants aux forums-entreprises (PME)

Nombre d'entreprises de moins de 1.000 salariés présentes sur les forums recrutement de l'école en 2014-2015. Montre l'aptitude des écoles à mobiliser leur réseau de PME lors de ces manifestations où elles viennent se présenter aux futurs diplômés. Nous ne prenons en compte qu'une seule fois une entreprise présente sur plusieurs forums de l'école, tous campus confondus.

L'Etudiant note les écoles sur le pourcentage des jeunes diplômés qui créent une entreprise à la sortie de l'école. Le pourcentage est faible quelle que soit l'école. Qu'importe, une école à 6% aura 3 points (Montpellier) et une école à 4%, un seul point (Lyon, Neoma).

L'Etudiant note les écoles sur le nombre de grandes entreprises participant aux forums. Bon critère, mais pourquoi un tel décalage entre les renseignements du magazine et ce que nous apprenons sur les sites des écoles ?

Les écoles indiquent sur leurs plaquettes les entreprises visiteuses et nous retrouvons partout les mêmes, sans doute pas de quoi établir un classement. La liste des partenaires est publiée plus loin.

Il y a cohérence entre ces informations pour plusieurs écoles : Audencia, Neoma, les trois parisiennes. D'autres laissent dubitatifs, l'ESC Montpellier ou Strasbourg reçoivent selon l'Etudiant 50% d'entreprises de plus de 1000 salariés que Hec… Impossible de confirmer avec les informations des sites.

C'est sans doute vrai puisque c'est imprimé mais je suis surpris. Mieux, HEC, l'ESSEC ou l'Escp reçoivent à peu près le même nombre d'entreprises que Audencia ou Neoma, à savoir 80/90 mais une barre astucieusement placée permet d'accorder aux parisiennes les fameux trois points (comme à Montpellier pour plus de 140 entreprises), contre seulement deux aux autres. Ouf le classement est sauvé du ridicule …..

Sauf que le nombre d'entreprises présentes ne correspond pas à celui annoncé sur les sites des écoles.

Part des étrangers sur le campus

Pourcentage d'étudiants étrangers présents sur le(s) campus de l'école en 2014-2015, tous programmes confondus. Montre l'internationalisation sur le(s) campus français de l'école.

Le critère est-il suffisant ? Plusieurs scandales ont prouvé combien il était facile d'importer des étudiants chinois pour se faire de l'argent et bien progresser dans les classements

Proportion de double-diplômés

Pourcentage de diplômés 2014 ayant reçu le diplôme d'un partenaire académique.

Le critère le plus contestable si le double diplôme ne traduit pas une double compétence. Une école incapable d'assurer la formation au DSCG la sous-traite à une université partenaire, l'étudiant sera un double diplômé. De l'enfumage.

Moyenne des notes de satisfaction des promos 2011 et 2014. Les diplômés pouvaient noter le critère sur une échelle de 1 ("Pas du tout satisfait") à 5 ("Entièrement satisfait"). Sondage effectué durant l'été 2015 par l'ENSAI junior Consultant (la Junior-Entreprise de l'École *nationale de la statistique et de l'analyse de l'information). Les données suivies d'une astérisque (*) proviennent de l'enquête 2013.*

J'ai besoin de comprendre pourquoi la barre nécessaire pour obtenir 3 points en satisfaction générale est de 4,2 et non de 4 ? Neoma avec 4,1 n'obtient que 2 points. Pourquoi la même barre est-elle de 4 pour la satisfaction des professeurs et pas 4,2 ? Pour sauver Hec des deux points infamants et ne pas décrédibiliser le classement

Les classements privilégient l'étudiant consommateur roi. Pourquoi pas mais plusieurs remarques

Dans quelles conditions l'enquête s'effectue-t-elle ? Qui fournit les coordonnées des étudiants ? L'école les contacte-t-elle ? Pourquoi ne pas avoir posé les mêmes questions aux recruteurs ?

Etudiants par professeur de gestion : effectif du PGE divisé par le nombre d'enseignants de gestion permanents selon la définition de la CEFDG, soit travaillant au minimum 4 jours par semaine en CDI et dont l'établissement est l'employeur exclusif.

Le modèle c'est l'université, pourquoi uniquement les permanents ? Une école qui fait appel à des professionnels de haut niveau venus de l'entreprise est pénalisée...

Anciens élèves figurant dans le Who's Who constaté dans l'édition 2014.

Pourquoi pas ceux qui ont une particule...Le point faible de Challenges.

Proportion des diplômés de la promotion 2014 possédant un double diplôme avec une autre institution française.

Qu'apporte un diplôme de gestion s'ajoutant à un diplôme de gestion ? Rien. Ce critère valorise les écoles qui sous traitent une partie de la formation à l'université voisine et pénalise les écoles qui prennent en charge la formation. La prime aux plus mauvais. Pour

avoir un sens ce critère devrait être réservé aux doubles diplômes traduisant une double compétence ; droit plus gestion**

Salaire annuel brut moyen des débutants en France, hors primes, dans la dernière promotion (source écoles).

Salaire annuel brut moyen des débutants à l'étranger : il n'inclut pas les primes (source écoles).

Bon critère, le seul problème : la source, certaines écoles valorisent…Seule une étude de terrain serait crédible

Professeurs de gestion étrangers : proportion d'enseignants de gestion non français au sein du corps professoral permanent, selon la définition de la CEFDG.

Les écoles faisant appel à des professeurs français de qualité ou à des professionnels venus de l'entreprise sont pénalisées

Etudiants admis sur titre : pourcentage d'élèves admis sur titre dans la promotion sortante. Ils viennent d'un premier cycle universitaire ou de tout parcours qui n'est pas une classe prépa

Une école qui recrute sur CPGE serait donc une mauvaise école….

La durée du visa, celle de l'habilitation grade master

Voir plus haut, on ne compare pas ce qui n'est pas comparable : la durée maximale a été réduite et pour les écoles fusionnées elle est mécaniquement courte dans un premier temps. *On y retrouve le nombre de professeurs permanents par élève (7), le pourcentage de professeurs diplômés d'une école labélisée EQUIS, AACSB ou figurant dans le classement de Shanghai (5), le nombre d'inscrits aux MOOCS mis en ligne par l'école (2) ainsi que le nombre moyen d'étoiles CNRS obtenues par professeur (3).*

Le syndrome de la fac de luxe : plus une école ressemblera à une université, meilleure elle sera, plus elle fera appel à des professionnels venus de l'entreprise   plus elle sera mauvaise. Le bon prof est le chercheur pas le pédagogue. Un gadget en plus les MOOCS ou le rêve de l'école sans prof

Le nombre d'associations par élève

Intérêt ? Peu d'associations mais efficaces c'est peut-être mieux…

Taille du campus par étudiant, Evolution de la taille des campus, Campus à l'étranger

Le campus à l'étranger, c'est bien mais pour en faire quoi ? Des vacances tous ensemble ? La dispersion des étudiants c'est aussi bien. Pour le reste à quand le classement sur le nombre de wc par étudiant

Innovation pédagogique : le dernier critère a été noté selon l'avis de la rédaction du « Parisien Etudiant » sur la qualité du travail des écoles dans le domaine des projets pédagogiques et des projets de développement

Sur quels critères ? La qualité de l'accueil des journalistes ? Le budget pub ? Mystère… Peut-être la nécessité de mettre une bonne note aux parisiennes pour faire crédible

Le taux de diplômés issus des voies littéraires et technologiques, la part d'admis sur titre dans l'école Le taux d'étudiants de première année venus des cinq lycées fournissant le plus d'élèves au programme a été compté négativement.

Prendre des ES, des S, des prépas et recruter dans de grands lycées, voilà ce qui fait une mauvaise école

Le pourcentage d'étudiants étrangers

Le modèle : l'université de Toulon et sa filière chinoise ?

Un traitement particulier pour le Point. Les critères sont incompréhensibles, ils n'en deviennent pas pour autant plus justes, je vous laisse juges.

- *La note Entrepreneuriat comptabilise le nombre de projets présentés par les diplômés à l'incubateur et la sélectivité de cet incubateur par rapport aux diplômés sortants, le nombre d'entreprises créées par les diplômés du programme et incubées, dans l'absolu et par rapport aux effectifs, la viabilité d'une partie des entreprises sur trois ans, le pourcentage d'élèves en majeure entrepreneuriat. Le montant du fonds d'investissement, en tant que tel puis rapporté au nombre d'élèves, est pondéré.*

Challenges en 2016 fait également du nombre d'entreprises incubées un critère discriminant. Pourquoi pas mais les résultats de l'enquête interpellent …

Aujourd'hui, l'incubateur de l'EDHEC a accompagné la création de 12 nouvelles entreprises qui ont conduit à la création de 30 emplois. On compte actuellement 50 projets en cours de développement.

L'enquête de Challenges 2016 découvre …. 148 entreprises incubées, trois fois plus que la réalité.

http://www.edhec-executive.fr/qui-sommes-nous-/eye-business-incubateur/eye-l-incubateur-du-groupe-edhec-166412.kjsp

Il y aurait 20 places par an à Roubaix

En 2014 il y aurait 4 entreprises incubées à Nice

http://www.mon-incubateur.com/site_incubateur/incubateur/eye-edhec-young-entrepreneur-roubaix

Challenges trouve 104 entreprises incubées à l'EM , L'Etudiant fait mieux et en trouve.. 134 .Sur son site l'école en avoue… 24. Que penser du chiffre donné pour Skema par la presse, 55 entreprises actuellement incubées ? Combien sont-elles par bureau ?

 L'incubateur Tonic dans le Nord est modeste avec seulement dix bureaux, les entreprises n'y demeurent que jusqu'à la création de leur identité juridique, ainsi 40 entreprises ont été aidées depuis la création en 1999. Celui de Sophia Antipolis a incubé depuis 2001 146 entreprises et le site donne les noms de 7 entreprises actuellement incubées.

Comment Challenges arrive-t-il à 55 ? L'explication serait-elle dans l'addition des actuelles incubées et des projets ? On pourrait comprendre ?

Dans ces conditions, Neoma qui avoue 30 entreprises actuellement incubées et 79 pré- projets, devrait obtenir le chiffre de 109. Challenges en octroie 46 …

Nous n'avons pu accéder, aux chiffres précis pour l'édition 2018 mais le classement ne présente plus d'anomalie majeure. C'est heureux ,.Challenges a eu l'honnêteté de retirer les entreprises incubées de son nouveau classement.

Le Point, le Figaro et le Parisien ne progressent pas et sont en compétition pour établir le classement le plus farfelu…

Les critères sont tellement complexes qu'ils conduisent à des résultats risibles. VOUS LIREZ PLUS LOIN QUELQUES INDICATEURS SIMPLES comme le taux d'emploi des diplômés, les salaires, le réseau d'anciens, le nombre d'apprentis. Vous les comparerez au classement du Point …Sachez que pour le magazine l'école leader pour l'entrepreneuriat, devant HEC, est…l'EDC.

Lyon, école des entrepreneurs ne serait que 10éme loin derrière Troyes. Neoma et Grenoble passent à la trappe.

- *La note **International** comprend le nombre de professeurs diplômés à l'étranger et d'étudiants internationaux, de partenariats actifs avec des universités étrangères, et le pourcentage de doubles-diplômés issus de ces partenariats. Une majoration est affectée pour les universités étrangères accréditées et les doubles-diplômés issus de ces institutions. Le pourcentage de diplômés expatriés est valorisé. L'exposition internationale, par le biais d'un stage ou d'un séjour académique (dans une université partenaire ou sur un campus de l'école), est également pondérée.*

Dieu que c'est compliqué et tout cela pour faire de l'ISG une des meilleures écoles à l'international loin devant l'ESSEC.

Plus sérieusement certains classements comme celui de l'Etudiant valorisent les écoles qui ont peu de participants par accord d'échange, ce qui évite le voyage en groupe. Hélas l'erreur détruit la bonne intention : Neoma qui a 2,5 étudiants par échange et par campus (les étudiants de Reims et de Rouen ne se connaissent pas)

obtient un point de moins au classement que Grenoble qui a pourtant 3 étudiants par accord. Skema subit la même injustice.

Pour être bien classée une école doit recruter des professeurs étrangers, docteurs et femmes…Est-ce pertinent ?

L'ieseg a fait de ce type de recrutement la clef de sa progression dans les classements avec plus de 80% de professeurs étrangers.

Malheur aux écoles qui recruteraient encore des hommes… compétents.

Le critère de la diversité du recrutement semble plus pertinent mais hélas les classements réservent de mauvaises surprises. Pour le Point recruter des littéraires et des technos favorise mais recruter des ES pénalise. Communiquer sur l'égalité des chances favorise, mais pratiquer des scolarités moins élevées sera peu pris en compte. La PCS des parents n'est jamais intégrée dans ces classements et rarement la part de boursiers d'Etat. De ce critère de la diversité découle celui de la valeur ajoutée.

Les classements accordent une place importante à l'apprentissage et à l'alternance. Hélas le résultat à l'arrivée ne correspond pas à la réalité avouée par les écoles.

Selon le Figaro, Gem aurait 32% d'alternants dans son programme grande école. Chiffres totalement fantaisistes. Il faudrait que l'école propose plus de 1000 contrats ; impossible. L'école avoue 113 contrats d'apprentissages sur son site et au ministère (3,2%…) on peut y ajouter des contrats de professionnalisation mais le Figaro s'est bien mélangé les pinceaux. Gem indique 17% d'alternants à l'Etudiant, ce n'est toujours pas 32%. .

Le Parisien et le Figaro sont friands de nouvelles technologies et le nombre d'inscrits aux MOOCS discrimine.

« L'innovation pédagogique » mesure la qualité de la formation « noté selon l'avis de la rédaction du « Parisien Etudiant » sur la qualité du travail des écoles dans le domaine des projets pédagogiques et des projets de développement »

Le MOOC ou cours en ligne, a fait son apparition en 2013 et s'est présenté comme une véritable révolution. Quel est le bilan, plus de trois années après son apparition ?

Le Mooc est une mode déjà dépassée qui n'a pas pris en France. Pire il a accentué l'absentéisme dans certaines écoles. **Il relève de la tentation de l'école low cost, sans prof…** Un sondage datant d'il y a plusieurs mois révélait que seuls 5% des étudiants affirment savoir ce que sont les cours en ligne gratuits et massifs.

Les écoles jouent avec le feu : Les MOOCs ne sont maintenant plus seulement formateurs, ils sont certifiants. Et d'ici quelques années, les certificats délivrés par les MOOCS pourraient bien faire concurrence aux diplômes. C'est en tout cas l'avis de Dominique Boullier, professeur de sociologie à Sciences Po Paris. Selon lui, « les certificats délivrés par les MOOCs représentent une potentielle machine de guerre contre les diplômes, qui contiennent 80% de choses inutiles pour l'entreprise.

https://www.contrepoints.org/2017/03/17/284237-revolution-moocs-na-t-lieu

Pour être utiles les classements devraient :

-Ne pas mélanger écoles post bac et post prépa

-Fournir des méthodologies claires et vérifiables avec un accès possible aux données

-Contrôler les renseignements fournis par les écoles

-Définir clairement le concept de double diplôme

En attendant les classements jouent un rôle considérable, ils modifient la stratégie des écoles et pas toujours pour le meilleur.

Chapitre 4

Les écoles de commerce et la tentation de devenir des facs de luxe

Pendant longtemps les écoles de commerce à la française se sont contentées de répondre aux besoins des CCI locales. Au cours des années 70/90 elles connurent une véritable révolution qui fit leur succès et leur permit d'attirer les meilleurs élèves. J'ai eu la chance de rencontrer et de travailler avec quelques-uns de ces directeurs visionnaires à l'origine de cette mutation : Aissa DERMOUCHE (Audencia), Gérard MOREL(Rouen), Georges VIALA (Bordeaux), Christian VULLIEZ (HEC).

Le modèle de réussite est aujourd'hui en crise victime de la tyrannie de classements imbéciles et de nouveaux tropismes, ceux de l'école à la fois auberge espagnole (je parle du film) et école sans prof. Certaines rêvent de devenir des clones bas de gamme de Harvard, des facs de luxe sans valeur ajoutée

LE MODELE des business schools à la française, une véritable réussite

Le modèle réinventé s'est appuyé sur un premier objectif : réconcilier la formation et l'entreprise. Les anciennes ESC n'étaient que des écoles de l'entreprise, considérées avec mépris par le monde universitaire, centré lui sur la recherche. Le nouveau modèle allait habilement combiner enseignement assuré par des professionnels de haut niveau et par des professeurs permanents de qualité. L'essor de formations en alternance, l'apprentissage furent favorisés.

La cohérence du système était assurée par la complémentarité des niveaux de formation :

-Un recrutement à dominante CPGE pour assurer la formation généraliste

Un cursus en école intégrant un passage en entreprise de plus en plus long (année de césure)

– Une période à l'international

– La possibilité de compléter par la suite avec un MS ou un MBA

Le modèle se distinguait à la fois des modèles européens, très proche de notre système universitaire et du modèle américain.

Ce dernier comprend un premier niveau de formation appelé undergraduate, il dure 4 ans et débouche sur le « bachelor ». Correspond-il à notre licence ? Difficile à dire, les bachelors sont très hétérogènes bien souvent médiocres et peu attractifs.

Le jeune américain a ensuite une expérience professionnelle puis candidate pour le MBA le plus prestigieux possible. Il peut également préparer un MSC (master of sciences) ou un programme « graduated » dans le cadre d'une entreprise.

La capacité des écoles de commerce françaises à intégrer leurs étudiants sur le marché du travail, en surprend plus d'un avec des taux d'emplois dépassant 80% des effectifs trois mois après le diplôme.

http://aphec.it-sudparis.eu/spip.php?article455

Serait-il alors facile de s'y retrouver ? Hélas non car il est de bon ton de remettre en question le modèle de réussite des écoles à la française.

Le diktat des classements et ses conséquences

Philippe Silberzahn est professeur à EMLYON Business School et chercheur associé à l'École Polytechnique, il décrit bien cette évolution :

« Ces classements sont aujourd'hui essentiellement basés sur le nombre et la qualité des publications de la faculté dans les revues scientifiques. Obtenir un bon classement international étant indispensable pour attirer les meilleurs étudiants, les écoles ont dû développer leur activité de recherche et surtout de publication. La publication devient de plus en plus, y compris dans les écoles de second voire troisième rang, le critère essentiel de performance des professeurs. Or ceci ne peut se faire qu'aux dépens de la qualité d'enseignement. Mais dès lors que le critère principal de progression de carrière devient la publication, l'enseignement nécessairement passe au second plan. »

« Paradoxalement, le besoin d'attirer les « meilleurs » étudiants (notion qui d'ailleurs reste à définir) se traduit donc, toutes choses égales par ailleurs, par une baisse relative de la qualité de l'enseignement que ces « meilleurs étudiants » reçoivent une fois admis. En outre, la majeure partie de ces publications sont des exercices de style certes intéressantes mais rarement lues, et en particulier pas par les praticiens : seule la production compte ; c'est un peu comme si l'on payait Renault sur les voitures fabriquées, pas sur les voitures vendues, ou l'URSS réinventée. Qu'est-ce qui justifie l'existence d'une école qui ne sert ni son audience (les entreprises), ni ses élèves, mais seulement ses employés et qui ne parle qu'à ses concurrents ? »

Recrutez des professeurs étrangers, femmes, publiant beaucoup et vous serez bien classés. On peut être femme étrangère, chercheuse et bonne pédagogue mais ce dernier critère devient marginal. Pour progresser dans les classements pas d'autre solution.

Faites intervenir des professionnels compétents, vous serez massacrés.

Seules les écoles disposant de très gros moyens peuvent se payer l'élite du corps professoral mais au prix d'une flambée des coûts de scolarité…

Répondre à cette explosion budgétaire n'est pas facile.

Les étudiants s'endettent ou peuvent se trouver tentés par les masters universitaires gratuits, également classés sur des critères identiques avec des professeurs identiques

Certaines écoles se déchargent d'une partie des coûts avec la mise en place de « doubles diplômes » qui ne sont qu'une sous-traitance effectuée par une université. C'est un jeu gagnant-gagnant ; l'étudiant paie cher pour des cours effectués gratuitement par l'Université, mais ses yeux brillent à l'évocation d'un pseudo double diplôme, l'école en tire de bons classements et l'université bénéficie de l'arrivée de bons étudiants.

Bien entendu il existe aussi de vraies formules permettant une extraordinaire synergie mais elles sont peu nombreuses et sélectives, exigent beaucoup de travail et d'organisation. Les écoles les plus prestigieuses sont souvent les plus raisonnables et les plus sérieuses dans la construction de ces doubles compétences.

Il est facile de distinguer des doubles compétences utiles car complémentaires pour une école de commerce (droit, école d'ingénieur, maths, sciences humaines) ou valorisantes (un master universitaire spécialisé et prestigieux) de la simple sous traitance d'une formation assurée habituellement en école.

La réduction des coûts passe également par le syndrome TCHURUK

Serge Tchuruk hérita en conseil des ministres de la direction d'Alcatel Alsthom ; Il incarna longtemps le rêve du nouveau management celui d'une entreprise creuse sans usines et avec très peu de salariés. Aujourd'hui plus personne ne doute de la tragédie industrielle qui en suivit.

Certaines écoles donnent l'impression de se rêver sans professeurs. Elles en seront d'autant mieux classées, elles réduiront les coûts et elles feront « modernes ».

Le saut dans les nouvelles technologies est un impératif que nul ne conteste, les écoles ont raison de développer à outrance les formations liées en particulier aux systèmes d'information, les Moocs contribuent au prestige. Les cours en ligne sont intéressants à la condition d'être complétés par du présentiel renforcé.

Il y a problème lorsque les écoles remettent en question leur taux d'encadrement professoral, lorsque la préparation est intégralement réalisée en e-learning.

Alors les étudiants ne comprennent plus de payer aussi cher pour une coquille vide sans complément du présentiel avec des td, sachant qu'ils trouveront gratuitement et ailleurs ;

Je cite à nouveau l'article précédent

« Poussées vers le haut, les écoles laissent donc le marché de masse à d'autres acteurs « low cost », au premier rang desquels se trouvent, et se trouveront de plus en plus, les acteurs d'enseignement à distance. Ce dernier a mis très longtemps à décoller mais les technologies Web permettent désormais de créer des expériences d'enseignement à distance d'une qualité remarquable. C'est ce que les Américains appellent massive open online courses (MOOC), et ce n'est pas de la science-fiction : un professeur de Stanford a récemment donné un cours d'intelligence artificielle suivi par... 160.000 personnes, la session étant réalisée en lien avec Facebook. Il a depuis décidé de quitter son enseignement traditionnel. Harvard et MIT s'y mettent aussi avec leur initiative EdX et la startup Coursera se développe rapidement »

Pour être bien classée l'école doit également se diluer dans un modèle uniforme où l'enseignement sera le même partout et multi sites au Brésil, en Chine, aux Etats-Unis....

Cerises sur le gâteau, les étudiants français partent en cohortes passer six mois ou un an dans le campus étranger, ensemble pour ne pas être dépaysés.

Mais ce que l'ESCP a bien réussi avec professionnalisme, avec le temps, toutes les écoles peuvent-elles le faire sans tomber dans le bas de gamme ? Toutes les écoles ont-elles les moyens d'envoyer tous leurs étudiants chaque année sur des campus différents et pour quelle valeur ajoutée ?

Mais cela coûte cher, très cher ; il faut donc augmenter les effectifs et surtout démultiplier les programmes : bachelors, MSc, ms… et dans cette affaire il sera difficile de retrouver le programme GRANDE ECOLE. Pour ses zélateurs l'avènement d'une université privée globale en France bute sur ce qu'ils appellent le conservatisme universitaire et celui des CPGE

La concurrence devenant mondiale les écoles réagissent. Pour certaines le modèle à suivre se trouve dans la grande université à l'américaine et la grenouille doit devenir aussi grosse que le bœuf, pour d'autres mieux vaut rester une grenouille agile.

Philippe Silberzahn écrit : « *Seules quelques écoles auront assez de ressources pour être compétitives dans ce jeu et se maintenir au plus haut. Pour les autres, le jeu est absurde. D'autant plus absurde que si tout le monde ne peut pas être Harvard, ce n'est pas grave, ça peut vraiment être très bien d'être une petite grenouille dynamique et performante dans l'univers des écoles de commerce actuelles. Il vaudrait donc beaucoup mieux réfléchir à un positionnement différencié – la base de la stratégie – en faisant jouer ses spécificités – thématiques, régionales, pédagogiques, tant qu'il en reste encore, et que ces écoles ne sont pas devenues des clones bas de gamme de Harvard.* »

Une école en France affirme haut et fort cette stratégie d'école globale, c'est SKEMA. Le rapport de l'AERES étudie la cohérence d'ensemble de ce modèle global y compris avec sa composante communication qui mérite d'être citée. Il a bien fallu investir dans le lancement de la marque

« La coordination et la mise en œuvre sont assurées par la direction de la communication dans le cadre d'un service professionnel et dynamique, composé de la directrice et de huit collaborateurs, disposant d'un budget de 760 000 €. La presse locale et la presse

nationale sont régulièrement sollicitées ; la direction rencontre régulièrement les journalistes du Financial Times pour y présenter l'actualité de l'école. L'école a une politique de communication numérique très complète. Le site Web est accessible en français et en anglais et il existe également un site en chinois. Il est complété par des sites évènementiels. L'école est présente sur 14 réseaux sociaux (y compris chinois) et a mis en place une politique de veille sur sa e-réputation »

SKEMA utilise par ailleurs les services d'un cabinet de relations presse comme prestataire stratégique externe. Celui-ci assure les contenus presse au niveau local, relate les évènements, sollicite les journalistes. Au niveau de la presse nationale, la stratégie de communication est définie avec l'aide de cette agence. Notons enfin que les enseignants sont sollicités par le service communication pour publier des tribunes dans les journaux et mettre ainsi leurs compétences au service du traitement de sujets d'actualité. Les actions de communication sont déterminées en fonction d'objectifs clairs s'adressant à des cibles identifiées (futurs élèves et élèves, familles, anciens, employeurs, décideurs politiques, leaders d'opinion...). Elles font l'objet d'une évaluation systématique, qu'elle soit quantitative (fréquentation des sites, des réseaux sociaux, des présences aux évènements, gala de l'école. Au total, la politique de communication de SKEMA, de grande qualité, a su affirmer l'identité de l'école et répondre, dans un domaine crucial pour l'établissement, à ses principaux enjeux actuels. »

Chacun peut vérifier la présence très offensive de l'école sur tous les forums de discussion, et cette stratégie se révèle payante sur les classements.

www.**aeres**-evaluation.fr/content/.../**AERES**-S1%2%20**SKEMA**.pdf

Il ne s'agit pas installer seulement un campus à l'étranger pour offrir une alternative aux échanges universitaires, ou de construire un programme international. L'ambition est bien plus importante.

Le modèle est très différent de celui des autres écoles françaises, la référence évoquée par la dynamique directrice est celui de l'université américaine de DUKE avec des projets pour le Brésil et l'Afrique.

Duke c'est une université privée sélective avec 15000 étudiants et 5mds de $ de budget

Pour comprendre cette rupture portée par SKEMA il faut laisser parler le conseiller stratégique de l'école BERNARD BELLOC

« Un étudiant étranger de bon niveau regarde partout. Que voit-il en France ? Un système quasi incompréhensible avec des grandes écoles que nous sommes les seuls à dire encore que le monde entier nous les envie, alors que le système n'a nulle part été dupliqué »

« Je ne vois pas du tout ce que les chambres de commerce ont à faire dans l'enseignement supérieur de la gestion. Pour recruter un prof, a-t-on besoin de passer par une délibération à la chambre de commerce ? Quelles sont leurs compétences en matière d'enseignement supérieur et de recherche ? La France est le seul pays dans lequel les business schools ne sont pas dans les universités. Même en Chine, elles sont intégrées dans les universités. La France n'arrive pas à sortir de ses schémas historiques, c'est terrible. »

Qu'importe donc si les chambres de commerce représentent les entreprises et si le lien étroit avec ces dernières fondait l'ADN des écoles…

La base du système traditionnel, les CPGE est elle aussi contestée et il y a quelques années Jean Pierre Raman, un des fondateurs de SKEMA prophétisait la fin du modèle des prépas devant les responsables des CPGE de l'enseignement catholique. Le modèle de substitution (ESDhEM) est un premier cycle universitaire payant et sélectif préparant aux concours.

Reconnaissons cependant à Skema de ne pas avoir cédé à la tentation de la flambée des frais de scolarité et d'avoir conservé un recrutement ouvert aux CPGE. **La brillante directrice de l'école a parfaitement conscience du danger à trop vite s'éloigner de l'ancien modèle.**

Les écoles transformées en facs de luxe auraient-elles encore besoin des Cpge pour recruter ? Pourquoi ne recruteraient-elles pas uniquement sur les premiers cycles universitaires quitte même à en mettre en place de payants …

Dès à présent le recrutement en admission sur titre change la donne pour les écoles et il se révèle souvent un piège.

Les écoles les plus réputées peuvent facilement sélectionner mais les autres ? Pourquoi préférer un master grande école payant à un master universitaire réputé et gratuit ?

Alors il faut offrir ce que l'université n'offre pas ; un campus luxueux à l'étranger, une fac de luxe.

Dans cette perspective, pour ses zélateurs l'avènement d'une université privée globale en France bute sur ce qu'ils appellent le conservatisme universitaire et celui des CPGE…

Il est assez curieux de retrouver sous un même habillage « moderniste » la dénonciation des prépas jugés élitistes, le souhait de voir les universités devenir plus sélectives, la mise en place d'écoles à l'américaine.

On retrouvera des libéraux souhaitant moderniser, c'est-à-dire américaniser notre système éducatif : l'institut Montaigne, Benoist Apparu.

On y trouvera tous ceux qui considèrent le système français trop élitiste : des politiques comme Vincent Peillon, Benoit Hamon, des sociologues comme Monique Dagnaud, le Café pédagogique et à peu près tous les journalistes s'intéressant à l'éducation.

Lors d'un débat déjà ancien Claude Boichot rétablissait un certain nombre de vérités et ouvrait des pistes d'évolution.

http://www.revueplacepublique.fr/Sommaires/Sommaires/Articles/sup primerclassesprepa.html

« Tous les coups qu'on porte au système des classes préparatoires, sans explication, sans mise en contexte, sont ressentis le plus douloureusement par les plus fragiles et ça, c'est inadmissible, parce que ceux qui portent les coups se débrouillent bien pour que leurs enfants s'insèrent dans le système. Vous voulez que je vous donne la liste des gens qui me téléphonent en me disant : « Vous êtes le pape des prépas, vous pouvez faire quelque chose pour ma fille, mon fils ? »

« Le système est vivant, il évolue presque naturellement. Quand vous prenez une première année de mathématiques à l'Université, en moyenne, vous avez six enseignants qui interviennent. En classes préparatoires, vous n'avez qu'un seul intervenant. Pourquoi je dis ça ? Parce que, au fond, la culture universitaire, elle a été bâtie essentiellement sur la recherche dont le spectre est généralement étroit. En prépa, on cultive la culture généraliste, qu'elle soit mathématique, physique, philosophique, historique, etc. Pourquoi un jeune maître de conférences qui a fait une thèse en résistance des matériaux n'accepterait-il pas de traiter tout le champ de la physique généraliste comme en première ou en deuxième année de prépa ? Voilà une des pistes de rapprochement entre les deux systèmes. Pourquoi des professeurs d'université ne viennent-ils pas enseigner en classes préparatoires ? Ça mixerait les méthodes. Mais ils n'ont pas du tout envie de couvrir un champ large autre que celui de leur expertise sur lequel souvent ils ont construit leur thèse et leurs travaux. »

Faut-il jeter les Cpge et avec elles le modèle français de grandes écoles ? Faut-il au contraire partir du meilleur pour s'en inspirer ? En attendant les écoles coûtent de plus en plus cher.

http://business-cool.com/ecoles/frais-de-scolarite-ecoles-de-commerce-hausse/

« Pour les étudiants effectuant leur rentrée dans les semaines à venir, la facture est salée : ils s'acquitteront en moyenne de 36 456€, soit 12 152€ par an. Le constat est cependant à nuancer dans la mesure où un étudiant du supérieur coûte en moyenne 13 873€ à l'État chaque année, soit 41 619€ pour trois ans.

On note la création de plus en plus claire de groupes. Ainsi, HEC Paris reprend le titre d'école de commerce post-prépa la plus chère de l'Hexagone, en franchissant le cap des 45 000€, fixé en 2015 par l'EDHEC. L'ESSEC et l'ESCP Europe, quant à elles, comblent peu à peu le « retard » pris sur emlyon et l'EDHEC. Au-delà du top 5, Audencia est la sixième école à franchir la barre des 40 000€ de frais de scolarité totaux. Grenoble EM a parcouru en 12 mois plus de la moitié du chemin qui la séparait de cette barre fatidique. »

En attendant les classements épargnent les parisiennes mais valorisent les écoles les plus éloignées du modèle classique de l'école indépendante et les plus proches du modèle universitaire.

Du mérite au fric ? Attention danger...

Sur le marché du travail ces étudiants auront un diplôme de Grande école de commerce de niveau comparable et parfois de la même école. Leur situation ne sera pourtant pas la même.

Auront-ils fait une classe préparatoire ? Passé ou non un concours sélectif ? Auront ils survécu au système universitaire avant de passer le concours à bac plus trois ?

Quid des candidats issus d'un bachelor bien moins sélectif ?

Un de ces étudiants se sera endetté de plus de 30000 euros pour payer deux années de scolarité. Un autre financera complètement la scolarité via le système éprouvant de l'apprentissage qui le privera de vacances pendant au moins deux ans.

Mais ils seront nombreux à renoncer à la filière car trouver **38000 euros en moyenne** pour les seuls frais de scolarité n'est pas évident...

Que dire du cursus développé en masse par certaines écoles : 3 ou 4 ans en BBA bachelor suivis de trois ou quatre en Grande école : entre 70 000 et 100 000 euros ...

Les conséquences sur l'image de l'école et de ses diplômés seront considérables. En moins de dix ans les scolarités ont doublé et l'ouverture massive du recrutement via ces cursus couteux nous fait basculer de la logique du mérite à celle du fric !

La logique américaine ? Oui mais... Les frais de scolarité annuels, **incluant le logement sur le campus** à Harvard, s'élèvent à plus de $45600. Avec le nouveau système de calcul, une famille gagnant $120000 par an ne paierait plus que $12000 au lieu des $19000 actuels. L'administration de l'Université estime que cette réforme va réduire le coût des études de 30% à 50% pour de nombreux étudiants.

Toutes les écoles ne sont pas logées à la même enseigne ET LE RECRUTEUR VOUDRA EN SAVOIR PLUS SUR LE PARCOURS, les stages, l'apprentissage...

Le système de la grande école s'inscrivait dans une logique méritocratique à la française. Cette logique est très bien résumée dans un article du journal de l'école de Paris.

https://www.cairn.info/revue-le-journal-de-l-ecole-de-paris-du-management-2008-4-page-30.htm

Michel Berry

« On a donc souvent critiqué les Grandes écoles comme des institutions sélectionnant des élites coupées du monde, voire arrogantes, mais en même temps celles-ci avaient un pouvoir d'attraction extrême : l'École polytechnique, le sommet de la pyramide, était le rêve des élèves, des parents d'élèves et des professeurs. Deux Anglais, étudiant le modèle français de management, écrivaient en 1991 dans Harvard Business Review que 90 % des Français voudraient l'abolir mais que tous souhaitent y voir leurs enfants reçus

Pendant longtemps, ce système controversé a subsisté, et même plutôt bien marché. C'est ainsi que l'article cité faisait l'éloge du management français : il nous appelait les Japonais de l'Europe par l'art que nous avions à faire coopérer le public avec le privé et expliquait cette performance par le système des Grandes écoles. »

Nicolas MOTTIS

Les écoles d'ingénieurs sont traditionnellement financées par des fonds publics et sont presque gratuites pour les étudiants. Aux yeux de Pierre Veltz, cela mériterait d'être remis en question, mais c'est un sujet inabordable car il est dominé par l'impératif de la préservation de l'égalité de tous dans l'accès à la connaissance et l'horreur de la sélection par l'argent

Les écoles de commerce ont toujours eu à se financer autrement que par les fonds étatiques. Elles ont été amenées à mettre en place très tôt des systèmes, des bourses ou l'apprentissage par exemple, qui limitent très fortement le risque de sélection par l'argent. En pratique, le cas américain est intéressant sur ce plan avec une courbe de prix en cloche : les écoles les moins cotées sont peu coûteuses, celles de milieu de classement sont payantes et les meilleures (Stanford, Harvard...)

deviennent, grâce à des systèmes d'aides très développés, quasiment gratuites pour les bons élèves qui n'ont pas les moyens de se les payer.

Au regard de leurs consœurs étrangères, les meilleures écoles de commerce n'ont pas de souci de taille, mais d'intensité critique. L'ESSEC a plus de 3 500 étudiants dans ses différents programmes, soit deux fois plus qu'Harvard, cependant son budget par étudiant reste huit à dix fois moindre. C'est vrai pour les autres parisiennes et cela le reste encore (avec un facteur 1 à 5 environ) pour les écoles de commerce de province, si on réalise la comparaison avec le top 20 américain. Pratiquement, même si cela est compensé par une meilleure productivité, cette faiblesse se traduit par une incapacité à offrir des rémunérations compétitives aux professeurs, un cadre de travail du meilleur niveau aux étudiants, des ressources en matière de recherche, etc

Claude Raveline

Pratiquement depuis leur origine, les écoles d'ingénieurs sont un pôle attractif puissant pour les écoles de commerce *: HEC n'a cessé de vouloir en recevoir le titre jusqu'à ce qu'elle se le voie refuser définitivement en 1934 ; au xixe siècle, les étudiants de l'ESCP portaient un bicorne qui imitait celui de l'École polytechnique ; au cours du xxe siècle, les écoles de commerce ont progressivement élevé leurs exigences en matière de sciences, de mathématiques notamment ; elles ont même donné des cours de chimie !*

Cette attraction s'explique par la force mythique que véhiculent les écoles d'ingénieurs. D'abord elles sont fondées sur la science, qui donne un sentiment de vérité indépassable. Ensuite, les concours à la sortie des classes préparatoires constituent un rituel de passage qui a une dimension quasiment religieuse. Enfin, elles sont les héritières d'institutions très anciennes qui ont été renouvelées par la Révolution ; ainsi, elles portent en elles la grandeur de l'histoire de France. En effet, la Révolution a substitué à une aristocratie fondée sur la naissance, une aristocratie fondée sur le mérite, et les concours étaient les moyens démocratiques, imperméables à tout favoritisme, de hiérarchiser les mérites.

Le philosophe Alain soutenait que le véritable moteur de l'apprentissage était l'admiration que l'on éprouvait pour son maître. Cette admiration ne peut naître que lorsqu'il y a un souci du maître pour ses élèves et une proximité qui lui permet de se manifester. C'est le rêve de la relation maître-apprenti. Les systèmes d'enseignement les plus performants sont ceux qui réussissent à le traduire en acte. Le réputé MIT (Massachusetts Institute of Technology) ou la fameuse Cambridge paraissent très grands, mais les unités de travail sont en réalité très petites et l'on y vit d'une manière presque familiale. Le système français des classes préparatoires, bien plus performant que celui du premier cycle universitaire, semble être une énorme mécanique à l'échelle nationale, mais il est composé de petits établissements où la plupart des professeurs portent une grande attention à leurs élèves, partageant leur rêve d'épées et de bicornes, ou encore d'HEC.7

Nous l'avons vu les écoles se précipitent aujourd'hui vers un autre modèle, celui des facs de luxe bien éloigné de la relation maitre apprenti. **On pourrait imaginer que cette relation se développe à l'intérieur des formations de l'école mais c'est tout le contraire qui se produit avec des profs tgv , des vedettes que s'arrachent les écoles à des tarifs de footballeurs et une piétaille de vacataires mal payés.** Pourquoi certaines écoles n'aiment elles pas les étudiants issus de prépa ?

Parce qu'ils sont nostalgiques de cette relation étroite qui les portait jusque-là ! Et on nous parle doctement **d'un syndrome post prépa** …

OUVERTURE SOCIALE DES GRANDES ECOLES DE COMMERCE LOIN DES CLICHES

Nous sommes très loin des clichés habituels fustigeant les classes préparatoires. ELLES SONT UN LEVIER DE PROMOTION ET D'OUVERTURE. Elles accueillent 30% de boursiers et plus encore en filière technologique.

Le recrutement en DUT et Bts favorise l'ouverture car ces formations accueillent 40% de boursiers. Recruter après un bba ou un bachelor contribue à la fermeture de la grande école, ces formations accueillent moins de 10% de boursiers

Depuis quelques années nous vivons le grand chamboulement du recrutement des écoles de commerce. Dans le top 10 c'est Neoma qui est la plus fidèle aux cpge suivie par HEC

L'absorption de NOVANCIA par l'ESCP a sans doute marqué un tournant, cette école recrute 6 étudiants sur 10 en dehors des classes préparatoires et elle est la grande école la moins ouverte socialement avec 5.5% de boursiers.

Les écoles qui recrutent majoritairement en prépa sont également les plus ouvertes socialement (16%de boursiers). Les classes préparatoires publiques sont gratuites, les privées sous contrat peu couteuses. Certaines écoles comme HEC proposent une scolarité gratuite pour les boursiers, d'autres comme Neoma proposent un grand nombre de places en apprentissage.

Nos sources sont irréfutables, elles portent la signature des directeurs, elles sont fournies par la commission d'évaluation du grade de master

https://www.cefdg.fr/ecoles-et-formations-visees

Effectif recruté/ classes prépas / % PREPAS/ % BOURSIERS

	Effectif recruté	classes prépas	% PREPAS	% BOURSIERS
NEOMA	1373	786	57.3	17.1
HEC	657	371	56.5%	10%
AUDENCIA	834	470	56.3	16 .1
TBS	762	420	55.1	20.6

LE RECUL DU RECRUTEMENT EN CLASSES PREPARATOIRES S'ACCOMPAGNE DU RECUL DU NOMBRE DE BOURSIERS (13.3%de boursiers) surtout avec un recrutement à bac plus trois(post bachelor pour beaucoup)

Effectif recruté/ classes prépas / % PREPAS/ % BOURSIERS

	Effectif recruté	classes prépas	% PREPAS	% BOURSIERS
ESSEC	794	384	48.4	9
SKEMA	1087	523	48.1	18%
EM STRASB	545	255	46.8	22
EMLYON	1098	506	46.1	14.2

Effectif recruté/ classes prépas / % PREPAS/ % BOURSIERS

	Effectif recruté	classes prépas	% PREPAS	% BOURSIERS
GRENOBLE	1002	444	44.4	16
EDHEC	1136	495	43.6	12
ESCRENNES	723	294	40.7	23.2
ESCP	875	355	40.6	5 .5

Les écoles postbac même les moins sélectives   sont aussi les moins ouvertes socialement :   9% de boursiers

Quatre ou cinq ans de scolarité, comptez entre 40 et 50000 euros, le faible nombre de places en apprentissage expliquent le faible nombre de boursiers. Les BBA, Bachelors et autres petites écoles sont bien moins ouvertes que leur grande sœur, l'école prestigieuse du groupe.

Effectif recruté/ classes prépas / % PREPAS/ % BOURSIERS

	Effectif recruté	classes prépas	% PREPAS	% BOURSIERS
IESEG	1037	0	0	7
Essca	805	0	0	10
cesem Neoma	339	0	0	8
skema BBA	223	0	0	0
KEDGE ebp	221	0	0	8

Essec bba	495	0	0	6
Kedge bachelor	568	0	0	15

Les écoles les plus ouvertes   sont moins prestigieuses mais elles complètent le recrutement en prépa par des bts et des dut , certaines comme Montpellier jouent massivement la carte de l'apprentissage.

	Effectif recruté/	classes prépas	% PREPAS/	%BTS/	% BOURSIERS
KEDGE	1601	618	38.6 %	22 %	26.6
DIJON	804	251	31%	25%	23 .
ICN	804	251	31.2	13 %	22.7
MONTPEL	850	250	23 %	28 %	28

Chapitre 5

La grande misère ou l'avant-gardisme pédagogique des écoles

J'ai rencontré beaucoup d'étudiants au cours de ma carrière. Nombreux sont ceux qui m'ont fait part de leur enthousiasme pour l'enseignement reçu au lycée, en prépa, à l'Université. Pour ce qui est des écoles de commerce, il faudra sans doute être plus modeste.

La critique existe et elle peut se révéler terrible. La même presse qui se nourrit des palmarès publie régulièrement des témoignages d'étudiants anonymes qui dénoncent la misère pédagogique des écoles :« La qualité de la formation académique est, de loin, le premier motif de déception pour les étudiants qui intègrent une école de commerce. Tout au long de notre scolarité se succèdent des cours à l'intérêt pédagogique extrêmement limité, justifiant d'une certaine manière l'absentéisme légendaire des étudiants de première année. »

Pour des étudiants de Cpge la première année constitue soit un choc soit un moment festif, parfois les deux. Ils ressentent presque tous un terrible sentiment de régression intellectuelle.

Il en va de même pour les Universitaires intégrés en deuxième année. Moins de problème pour ceux qui entrent en école après le bac, l'enseignement light se poursuit…

Les étudiants se réfugient souvent dans l'absentéisme ou dans les doubles cursus…

Ne nous y trompons pas, toutes les écoles sont frappées par le même syndrome et l'enseignement est le même partout, de Hec à la plus obscure école de province.

Tous les indicateurs retenus par la presse renvoient à un potentiel de recherche, pas à la qualité de la pédagogie, toujours à la référence de la fac de luxe dénoncée plus haut.

Les écoles se défendent et se présentent comme à l'avant-garde de la pédagogie.

JF FIORINA de Grenoble :

« Nous les préparons aux soft skills, ces compétences du 21ème siècle qui permettent de s'adapter et de comprendre le monde et ses évolutions. De la géopolitique, au transculturel en passant par le travail en groupe, la culture générale, l'esprit critique, le « comment apprendre à apprendre », le leadership, le personal branding, la culture digitale... »

Il a raison mais le talent et les qualités humaines sont-elles des matières que l'on enseigne ?

Pendant l'été 2017, l'Etudiant-EducPros, en partenariat avec la junior entreprise de l'Ensai, a envoyé un questionnaire aux diplômés des grandes écoles de commerce (promotions 2013 et 2016) pour les interroger sur leur insertion et leur satisfaction. Chaque ancien a ainsi noté sa formation sur une échelle de 0 à 5, et ce sur une dizaine d'indicateurs.

L'enquête de l'Etudiant est une véritable mine.

http://www.letudiant.fr/palmares/palmares-des-grandes-ecoles-de-commerce/satisfaction-des-diplomes-1.html#indicateurs=902503,902711,902509,902585,902589,902569&criterias

Un an et mieux encore quatre ans après leur sortie de l'école, les diplômés peuvent porter un jugement intéressant sur la formation reçue. Tous les critères se valent ils ? Non, car au-delà des réflexes de consommateurs, la préparation au monde du travail nous semble plus importante.

Nous retiendrons cinq critères, celui de la préparation à la vie professionnelle, les relations avec les entreprises et le rôle du réseau d'anciens, la satisfaction de l'ouverture internationale et celle des professeurs.

Pour ces cinq critères généraux **un premier groupe d'écoles** comprend toutes celles qui font l'unanimité avec une moyenne supérieure à 4.5/5 : **Essec, Hec, Audencia, Edhec.**

Aux yeux des étudiants, difficile de trouver un point faible. L'ESSEC fait un tabac). La qualité du réseau d'anciens et le système d'apprentissage y sont pour beaucoup.

Suivent trois écoles à recrutement post bac, Ieseg, Essca et Istec. Elles bénéficient de notations favorables pour la pédagogie. Il est vrai que écoles post prépa l'attente en la matière est bien plus forte, la comparaison avec l'enseignement en prépa est sévère pour les écoles.

Quatre écoles obtiennent 18/25 soit 3,6/5 mais cette fois ci deux points seulement moyens apparaissent, la pédagogie et la préparation à la vie professionnelle. **Le reste est bon ou excellent : réseau d'anciens à Neoma, international à Skema à l'ESCP. Homogénéité pour Em Lyon et Télécom.**

En dessous, c'est la morosité, il n'y a plus de vrai point d'excellence et les écoles post bac se mêlent aux post prépas. Nous trouvons au moins trois notes moyennes sur 5 et même cinq sur cinq pour Toulouse. Grenoble, ICN, Burgundy, Strasbourg et Kedge satisfont leurs étudiants pour l'international.

Selon l'enquête la qualité des cours poserait problème dans plusieurs écoles (note de 2 /5) :Montpellier, Rennes, Icn, Strasbourg , Kedge .

Faut il descendre plus bas ? La liste est encore longue et les résultats forts dissuasifs…

L'enquête réalisée en 2016 permettait d'aller plus loin et d'affiner l'analyse.

Avec une note moyenne de 3,6 sur 5, le réseau des anciens est l'item le plus mal noté de l'enquête. Présentée aux lycéens et aux préparationnaires comme un des avantages compétitifs des business schools face aux formations concurrentes, la relation avec les alumni ne convainc pas tout à fait les jeunes diplômés.

La préparation à la vie professionnelle et la relation avec les entreprises sont un peu mieux notées (3,9/5), loin derrière des critères liés au cadre de vie

Nous retiendrons trois critères (contre cinq précedemment), celui de la préparation à la vie professionnelle, les relations avec les entreprises et le rôle du réseau d'anciens

L'ESSEC fait un tabac avec 13,8 points sur 15 (et une moyenne générale de 11.4 pour les écoles). La qualité du réseau d'anciens et le système d'apprentissage y sont pour beaucoup. L'Essec consolide même sa position, il y a deux ans l'école obtenait 13,2.

Hec n'a pas participé à l'enquête mais l'an dernier l'école obtenait 13,3 avec une satisfaction exceptionnelle des étudiants pour la qualité du réseau d'anciens

L'EDHEC 13 ,2 contre 13,1 il y a deux ans

Telecom 12,7

Audencia 12,3

L'Escp obtient 12, 2. En cause la très moyenne satisfaction des diplômes à l'égard de leur réseau d'anciens

NEOMA 12 .2 contre 12 réseau d'anciens apprécié

EM 12

Skema 11. 6 contre 11.7

GEM   11 .5   le réseau d'ancien de Grenoble déçoit

DIJON 11.4

Kedge 11.1 contre 10 .9 réseau d'anciens apprécié

 TBS 10.9

RENNES10.9

PARTIR DES ACCREDITATIONS ...

La presse n'ignore pas l'existence de ces accréditations mais elle se mélange les pinceaux avec EPASS et elle oublie des accréditations pour les écoles qu'elle n'aime pas ...

Le classement 2016 du Figaro me laisse dubitatif. Le journal se veut prudent, il ne communique pas sa méthodologie, il accorde surtout une énorme place à la reconnaissance. Mais comment attribuer pour ce critère 100 points à HEC, à l'Essec, à Toulouse et seulement 93 à Lyon?

Pourquoi l'IESEG qui n'avait pas la triple accréditation obtenait elle 94 points ?

Pourquoi 93 points à Skema et seulement 79 à Neoma qui a la triple accréditation ? Pour cette école ce critère sera fatal dans le classement du Figaro. Sans cette aberration Neoma serait 9eme.

Pourquoi donner le même nombre de points à une école avec trois accréditations (Neoma, Rennes) et avec une seule (Strasbourg, Montpellier) ?

En 2017 le FIGARO récidive et utilise les accréditations pour la reconnaissance internationale mais oublie joyeusement AMBA pour NEOMA , Edhec et Tbs . En 2018, Neoma gagne deux places car... l'erreur a été corrigée.

Equis (European Quality Improvement System) crée en 1997, est un label européen attribué par l'EFMD (European Foundation for Management Development) aux écoles de commerce et de management pour une durée de 3 ou 5 ans.

 Les critères d'évaluation pour obtenir le label EQUIS

Les écoles retenues dans les classements ont toutes un grade de master validé par l'Etat, c'est bien. Mais il existe un autre critère, l'accréditation Equis qui aurait dû être déterminant. Epass n'est pas suffisant.

Je ne comprends pas pourquoi figurent dans des « top dix «»fantaisistes des écoles qui ne sont pas accrédités Equis. Il me faut donc rappeler celles qui le sont :

Aix-Marseille Graduate School of Management - IAE

Audencia Nantes, Ecole de Management

EDHEC Business School

EMLYON Business School

ESC Rennes School of Business

ESCP Europe

ESSEC Business School

Grenoble Ecole de Management

HEC Paris

ICN Business School

IESEG School of Management Lille-Paris

INSEAD

KEDGE Business School

NEOMA Business School

SKEMA Business School

Toulouse Business School

Université Paris-Dauphine

L'accréditation Equis est sérieuse.

L'école dans son ensemble, et non un programme en particulier, est évaluée selon plusieurs critères :

- La gouvernance, la stratégie et les ressources de l'école,

- Les programmes et l'équipe pédagogiques, les services aux étudiants, la prise en compte du développement personnel,

- La dimension internationale de l'école, des étudiants, des professeurs et des programmes,

- Les relations avec les entreprises,

- Les contributions de l'école à la communauté en général.

Le label américain AACSB (Association to Advance Collegiate Schools of Business), crée en 1916 est une accréditation qui **récompense** les écoles de commerce pour la **qualité de leurs formations au management**.

La décision d'octroyer à une École de Commerce l'accréditation internationale AACSB repose sur l'étude de plusieurs critères :

- La mission de l'établissement (ses valeurs, sa politique),
- La gouvernance de l'établissement (notamment la stabilité de la gouvernance est primordiale),
- Les objectifs stratégiques visés par l'établissement,
- L'environnement et le contexte institutionnel,
- Les alliances et accords établis par les écoles,
- Le corps professoral,
- La recherche,
- Les étudiants,
- Les programmes de formation proposés par l'école.

Les écoles accréditées sont :

Audencia Business School

EM Normandie

EDHEC Business School, Lille and Nice

EM LYON Business School

EM Strasbourg Business School

ESC Rennes School Of Business

ESCP Europe

ESSCA School of Management

ESSEC Business School of Business

Grenoble Ecole de Management

Groupe ESC Clermont

Groupe ESC Dijon Bourgogne

Groupe Sup de Co La Rochelle

HEC Paris

IÉSEG School of Management

INSEAD

KEDGE Business School

Montpellier Business School

NEOMA Business School

Skema Business School

TELECOM School of Management

Toulouse Business School - Groupe ESC Toulouse

Notons que les écoles européennes sont représentées à la tête d'AACSB par un directeur élu.

Il est possible de rajouter une troisième accréditation internationale des écoles, l'AMBA, elle concerne les Mba et nous en parlerons plus loin.

Il serait si simple de distinguer les écoles triplement accréditées des autres : 54 ont la triple accreditation (dont 12 françaises).

Audencia Nantes (Nantes)EDHEC École de management de Lyon – ESCP Grenoble École de management) HEC IÉSEG School INSEAD KEDGE

Neoma Business School SKEMA École supérieure de commerce de Toulouse ESC Rennes

La durée pour laquelle l'accréditation est octroyée pose problème car elle sera plus courte pour des écoles issues de fusion que pour des institutions stables dans leur structure. Il s'agit d'une donnée mécanique pourtant déjà signalée au Figaro l'an dernier par votre serviteur et par des DRH.

Le recul de Neoma dans les classements tenait pour beaucoup à une accréditation Equis accordée pour trois ans au moment de la fusion. Bonne nouvelle pour l'école elle vient de retrouver son accréditation pour 5 ans (le maximum) en mars 2017 et progresse dans les classements 2018.

Les accréditations ne permettent pas d'établir de classement précis, seulement de distinguer une quinzaine d'écoles de toutes les autres. Je ferai donc mien le contenu de ce témoignage d'un recruteur qui répondait à JF FIORINA :

« Dans cette liste des éléments qui expliquent la réussite des ESC, vous oubliez une explication fort simple (mais qui est passée sous silence depuis de nombreuses années, car elle remet en cause l'évolution récente de beaucoup d'écoles) : la sélection à l'entrée (= concours HEC).

Tout le monde sait bien que seules les formations sélectives sont monnayables sur le marché du travail ; et la réussite de la filière « ESC » vient du fait que les écoles captent les meilleurs étudiants par le système Prépa+Concours.

FBS qui a voulu s'en éloigner a vu les étudiants s'enfuir en courant : c'est bien la preuve que les étudiants savent où se trouvent les filières sélectives et celles qui le sont moins...

Ceci est tellement vrai que les ESC offrent des débouchés intéressants et reconnus depuis 30 ou 40 ans, donc bien avant la vague des accréditations – ce qui relative l'impact de ces dernières.

En tant que recruteur, je regarde avant tout le parcours du candidat dans son ensemble: où sont les preuves (concours, diplômes, année à l'étranger/en entreprise) que le candidat a travaillé pour construire son parcours? Ceci est pour moi beaucoup plus déterminant que les labels que possède ou non une ESC. »

La qualité pédagogique de l'école et l'enfumage du double diplôme

Qu'apporte sur le marché un diplôme de gestion complété d'un diplôme de gestion de même niveau ? Rien.

Un diplôme de gestion complété d'un diplôme d'ingénieur ou de droit, c'est autre chose, cela correspond à une double compétence. La presse ne fait pas la différence.

Les classements sont donc contestables. Confondre doubles diplômes « jumeaux » et doubles diplômes avec doubles compétences est une faute.

Une école peut très bien bénéficier de ses faiblesses. Si elle soustraite à une université une formation pour laquelle elle n'est pas habilitée, ses étudiants seront titulaires d'un double diplôme. L'école sera bien classée…

Des écoles sérieuses comme Rouen, Reims aujourd'hui regroupées dans Neoma, Audencia se sont fait une réputation de sérieux en comptabilité, contrôle et audit avec la préparation au diplôme d'Etat du DSCG ou en finance avec la préparation au CFA

La méthodologie des classements transforme leur force auprès des recruteurs en faiblesse.

Skéma et Strasbourg laissent à l'université la préparation au DSCG, Neoma les forme elle-même. SKema ou EM Strasbourg seront créditée de nombreux doubles diplômés. La chute de Neoma dans les classements des années 2014/2017 s'expliquait par … ses points forts. Le Dscg, le Cfa y sont préparés en interne dans d'excellentes conditions, y compris les deux unités de valeur qu'aucune école ne donne en équivalence. La direction de Neoma avait bêtement déclaré les seules doubles compétences. Un scrupule qui ne pardonne pas.

Le double diplôme CCa de SKEMA (formation à LILLE2 n'apporte rien de plus que le parcours expertise DSCG des autres écoles (EDHEC, AUDENCIA, GEM, NEOMA) où la formation se fait en interne. Idem pour l'autre Double Diplôme préparant le cfa à l'université etc.

Montpellier organise systématiquement ses formations en partenariat avec l'Iae ce qui permet de délivrer des doubles diplômes qui ne sont pas de doubles compétences.

Comment réagissent les recruteurs devant ces étranges cv sur lesquels figurent deux diplômes de même niveau pour la même compétence ?

A l'exception des écoles intouchables du haut du tableau, les écoles qui font bien leur travail sont déclassées par l'ensemble de la presse à la suite d'une erreur manifeste.

Pour être bien classées les écoles devront elles fusionner avec des Universités ? Les classements ne sont pas politiquement neutres mais personne n'y prend garde. Montpellier, Skema et Strasbourg sont très proches de l'Université et s'adaptent à une logique d'intégration.

Malheureusement le brouillard des doubles diplômes ne s'arrête pas là…

Le diplôme délivré par les grandes écoles est nous l'avons vu le grade de   master.

La presse ne retient, à juste titre que les grandes écoles délivrant ce grade. Elle peut cependant se mélanger les pinceaux lorsqu'elle intègre la durée pour laquelle le grade est visé. Cette durée est de 1 à 6 ans. Les écoles issues d'une fusion sont soumises à une période probatoire, les autres obtiennent plus facilement un visa pour 5 ou six ans Kedge et Neoma sont donc injustement pénalisées, comme le fut Skéma il y a quelques années.La plupart des écoles qui les précèdent dans le palmarès du Figaro ont vu leurs labels renouvelés au 1er septembre 2015 pour une durée de 5 ans, qui les propulsent et les avantagent de ce fait. L'ex ESG et l'école des cadres bénéficient de cet avantage décisif pour le Figaro. Ainsi Kedge, 5eme pour Challenges tombe à la 13eme place pour le Figaro

Un type de double diplôme accessible en école de management et digne d'intérêt est celui d'une école de management étrangère. Attention cependant, il vous faudra un très bon niveau en ANGLAIS, renoncer à la césure, à l'apprentissage et passer au moins un an à l'étranger. La formule ne doit pas être confondue avec le simple semestre d'échange qui n'est jamais diplômant. Encore faut-il que l'école partenaire soit au moins d'un niveau égal à la votre …La communication des écoles sur cette question manque de clarté, nous y reviendrons.

Le critère de double diplôme ne devrait prendre en compte que les vraies doubles compétences : droit, ingénieurs, culture, philosophie ….

L'EDHEC qui met en place une vraie double compétence en droit ne voit pas ses efforts reconnus.

Attention cependant, l'école peut vous permettre aux mieux d'intégrer une autre formation en double compétence pour y suivre des études en gagnant quelques années de cursus mais ne comptez pas devenir ingénieur pendant votre formation de management ou avec seulement une année d'étude de plus, ce sera plus long.

Il faut préciser qu'un étudiant en école de commerce n'a pas le niveau en maths et physique chimie pour obtenir un titre d'ingénieur tel que défini très officiellement par la CTI

http://www.cti-commission.fr/Arrete-du-19-fevrier-2016

Ce qui est vrai pour Hec et l'ESSEC le sera aussi pour Clermont et Kedge qui ont signé avec Ales

Il s'agit de MS ou de MSC communs qui constituent des spécialisations de management moyennant une prolongation de scolarité comme tous les MSC. Vous n'aurez pas le titre d'ingénieur. Pire un étudiant d'une école de management qui va faire du management dans une école d'ingénieur ce n'est pas une double compétence.

Il faut le reconnaître, la qualité de la pédagogie en école de commerce est bien difficile à évaluer. Moins le classement est sérieux plus ce critère sera donc évalué avec une précision transcendantale. La palme revient en 2018 au Point. Par quel miracle Grenoble est-elle deuxième et l'ESCP ...13e ? Elles avaient la même note de satisfaction auprès des étudiants (3 /5) ...Comment expliquer que Audencia avec un 5/5 Pour les étudiants, se retrouve en 11eme positio

Chapitre 7

Dilution des effets de la com et retour à la hiérarchie traditionnelle

Deux groupes d'écoles apparaissent clairement. Le premier comprend les trois parisiennes mais aussi Lyon et l'Edhec qui progressent et dépassent les autres écoles de province . Le second regoupe Grenoble(en recul) ,Audencia , Neoma (en forte progression),Skema et Kedge . La SITUATION REDEVIENT NORMALE.

Les classements Du Financial Times et de l'Etudiant s'appuient sur des critères contestables mais à la différence des autres la méthodologie est explicitée, les indicateurs vérifiables. Si les chiffres sont donnés, il est possible de dénoncer les erreurs. Le minimum me semble-t-il pour des classements…

Classement des masters en management du Financial Times

Il s'agit du classement de référence des programmes « GRANDE ECOLE », les autres formations en particulier les MBA et les Msc ne sont pas pris en compte

Le classement du Financial times est construit à partir de données objectives et vérifiables. Malheureusement certaines institutions savent utiliser les failles…

Le microcosme français s'intéresse à un des multiples classements du FINANCIAL TIMES, celui du master généraliste en management

Permet-il pour autant de comparer les masters Grande ECOLE français ?

Encore faut-il que les écoles jouent le jeu et présentent toutes le même PROGRAMME au classement du Financial Times, à savoir donc le programme Grande école

 Certains établissements apparaissent avec un master spécifique et non le diplôme grande école. La stratégie payante consiste à faire prendre en compte une formation d'excellence, très internationalisée avec des rémunérations élevées pour les anciens. Il est ainsi possible de booster son classement.

Le bon rang de Grenoble s'explique par un classement à partir non de son diplôme « grande école » mais du MASTER INTERNATIONAL BUSINESS, excellent mais qui n'a rien à faire là. Il s'agit d'un master spécialisé sélectif. Audencia l'a compris et elle n'est plus classée cette année sur le master qu'obtiennent un millier d'étudiants par an mais sur le double diplôme obtenue chaque année par 101 étudiants de l'école Centrale

http://en.grenoble-em.com/master-international-business-mib

 Skema diplôme plus d'un millier d'étudiants chaque année dans son grade master, le Financial times ne les prend pas tous en compte loin de là. LES EFFECTIFS déclarés par Skema ne représentent que la moitié des effectifs du PGE .

http://rankings.ft.com/businessschoolrankings/masters-in-management-2017

Les performances de ces formations ne sont pas révélatrices de de celles de la Grande ECOLE. Le fait n'est pas nouveau et il explique pourquoi pendant des années, Grenoble se trouvait dans ce classement devant l'Edhec et Lyon.

Grenoble annonce 95% de diplômés employés dans les trois mois (à partir de 75% de la promotion)

Audencia annonce également 95% d'emplois.

Les fiches envoyées par ces écoles au ministère pour le PGE DONNENT DES RESULTATS BIEN DIFFERENTS. Ainsi Grenoble avoue 75% de diplômés employés dans l'année).

Ces erreurs sont fâcheuses car toutes les écoles ne les font pas. Nous avons une bien meilleure correspondance entre les indicateurs du FT et ceux du ministère pour des écoles qui à cause de cela seront moins bien classées …

Il faut donc espérer que le classement 2019 se fera avec plus de transparence.

Cette année, le FT a annoncé avoir changé sa méthodologie en collectant désormais des informations sur l'évolution de salaire, trois ans après la sortie de l'école, ainsi que sur l'avancement de carrière. C'est à la faveur de l'ajout de ces deux nouveaux critères que les établissements britanniques progressent fortement

La progression de salaire entre la date d'obtention du diplôme et trois années après, un nouveau critère judicieux qui semble avoir pris au dépourvu les services com de certaines écoles françaises.

Les parisiennes maintiennent leurs positions.

Dans le deuxième groupe d'écoles nous constatons une bonne résistance à l'exception de Grenoble qui perd plus de 20 places à l'international et 2 en France se retrouve logiquement derrière l'EDHEC et Lyon. L'école aurait peut-être intérêt à jouer le jeu et à présenter à l'avenir son programme grande école.

  La modification des critères a manifestement dilué les effets des   services de com …

Il sera possible de retenir le classement 2018 suivant pour les écoles post prépas qui sont étudiés sur leurs effectifs totaux du programme grande école :

 1 HEC   1 en 2007, 2e en 2013

2 ESSEC   3eme en 2007 et 2013

3 ESCP   2eme en 2007, 1ere en 2013

4 EDHEC   7eme en 2007 6eme en 2013

5 EM LYON   4eme en 2007 et 2013

6 NEOMA   8eme en 2007et   13eme en 2013

7 RENNES

8 TBS   9eme en 2007 8eme 2013

9 ICN   16 me en 2013

10 TELECOM   11eme en 2013

11 Montpellier

12 KEDGE   13eme en 2007

Même amélioré, le classement du Financial Times n'est pas totalement satisfaisant. La sagesse ne serait-elle pas de se tourner vers le terrain et de prendre en compte les représentations des écoles que se font les recruteurs et les cadres.

Classement des écoles européennes de commerce du Financial Times

Ce classement est établi en combinant le précédent et ceux des MBA .

J'ai dénoncé les stratégies de diversification par le bas cherchant à créer un maximum de formation undergraduate de type bachelor pour « faire du chiffre ».

La stratégie gagnante des écoles est toute autre, il s'agit de la diversification par le haut sur le modèle INSEAD . Elle revient à compléter le PGE par des formations post graduate (second cycle, c'est-à-dire après le master).

Il y a surtout le diplôme roi du monde anglo saxon, le MBA conçu pour booster la carrière des cadres en exercice il n'intéresse donc pas directement les étudiants du PGE. Il intervient comme un complément de formation après une expérience professionnelle.

Le prestige du MBA TRADUIT DIRECTEMENT LE RAYONNEMENT DE L'ECOLE SUR L'ENTREPRISE. A vocation non académique, le MBA n'est pas un doctorat.

Le classement général des formations nous donne pour les écoles post prépas :

HEC Paris

ESCP

Edhec Business School

Grenoble Ecole de Management

EMLyon Business School

Essec Business School

Kedge Business School

Neoma Business School

Toulouse Business School

ESC Rennes

Audencia et Skéma arrivent ensuite. Notons la présence de l'insead et l'absence d'écoles à recrutement post bac.

Le classement général profite aux écoles qui ont investi dans la logique des MBA

Le classement de l'Etudiant

Nous ne revenons pas sur les critiques déjà formulées par ailleurs mais la méthodologie de l'Etudiant est   transparente   et la méthode s'améliore.

L'Étudiant a fait le choix d'introduire de nouveaux critères, expliquant en partie l'évolution du classement de certaines écoles. Le premier concerne la mesure de la qualité du corps professoral. A été pris en compte l'ensemble des enseignants de haut niveau, c'est-à-dire ayant obtenu leur doctorat dans une école ou université accréditée ou présente dans le classement de Shanghai, qu'elle soit française ou étrangère.

Au niveau des relations aux entreprises, a été introduit un critère « entrepreneuriat », mesuré à partir du nombre d'entreprises créées ces trois dernières années par les étudiants et diplômés.

Enfin, la partie « excellence internationale » a particulièrement été revue : certains critères jugés obsolètes par les écoles ont ainsi été remplacés. Outre la part de professeurs ayant obtenu un doctorat à l'étranger, ont été retenus l'exposition multiculturelle (basée sur le nombre de nationalités représentées chez les élèves et chez les enseignants), la part de partenaires accrédités, ainsi que le taux de satisfaction des diplômés concernant les relations internationales.

Il est habituel de totaliser les points obtenus dans les trois critères les plus importants

ACADEMIQUE	INTERNATIONAL	PROXENTREPRISE	TOTAL
HEC 25	25	25	75
ESSEC 25	25	24	74
ESCP 23	23	24	70
LYON 23	21	21	65

EDHEC 22	20	20	62
GRENOBLE 22	20	17	59
AUDENCIA 20	18	20	58
NEOMA 20	19	18	57
SKEMA 22	19	16	57
TOULOUSE 20	16	16	52
KEDGE 19	17	16	52

Il est possible de constater quelques erreurs mais le magazine a fait de gros efforts de simplification. NOUS REVIENDRONS SUR LES ANALYSES ET NOUS REPRENDRONS LES INDICATIONS CHIFFREES

Il manque un point à Kedge et Neoma pour le nombre d'anciens sur Linkedin Ces écoles avec 50 000 anciens sont très proches des parisiennes, pourtant elles n'ont que 4 points au lieu de 5 comme des écoles à 20 000.

Le classement Challenges 2018

Il peut toujours être critiqué pour certains de ses critères mais au moins ce qui n'est pas vérifiable est abandonné comme les fameuses entreprises incubées.

Notre classement utilise 17 critères : 9 en Puissance (pourcentage d'élèves de prépa, proportion d'admissibles sur le total de candidats, budget du groupe, accréditations Equis, AACSB et Epas, nombre d'enseignants de gestion permanents, proportion de doubles diplômes en France, rang de l'école dans le palmarès des Masters in Management du Financial Times, anciens élèves dans le Who's Who et salaire brut des débutants en France), 4 en Diversité (pourcentage d'admis sur titre, proportion de bac L ou techno, proportion de boursiers d'échelons 4, 5, 6 et 7 et pourcentage d'apprentis et contrats pro en M2) et 4 en International (proportion d'enseignants étrangers, proportion de doubles diplômes étrangers, proportion de diplômés débutant à l'étranger et salaire brut des débutants à l'étranger).

Il suffit de quelques changements et d'un peu plus de rigueur pour que Neoma gagne 6 places, Audencia,2 au classement général et Skema 7 au classement international.

Le classement « Sigem »

Il est jugé pertinent par la plupart des   acteurs. C'est d'ailleurs sans doute pour cela qu'il est peu utilisé par la presse et... qu'il n'existe pas de classement Sigem officiel.

Medhi Cornillet de Major Prépa effectue dès le mois de juillet le classement Sigem.

SIGEM est un système informatisé qui permet aux candidats aux grandes écoles de management des concours BCE et Ecricome par la voie des classes préparatoires d'enregistrer leurs préférences d'intégration et de connaître leur affectation finale à l'issue des épreuves orales. C'est l'APB des grandes écoles. Chaque année il publie des informations sur les affectations et en particulier un état des désistements. Il est alors possible d'établir le classement de l'école préférée des étudiants.

Le choix de l'école est la conséquence de données rationnelles et irrationnelles. La perception des écoles en fin de prépa n'est pas celle qu'aura le même étudiant trois ou quatre ans plus tard. Il n'en demeure pas moins que les étudiants et leurs parents résistent aux effets de mode de la presse. Au cours des quinze dernières années la stabilité est au rendez-vous.

HEC- Essec- ESCP- EM- Edhec –Audencia- GEM-Neoma- TBS- Skema kedge

La concurrence est plus rude depuis deux ou trois ans entre Audencia et Grenoble, Tbs et Neoma.

http://www.sigem.org/pdf/SIGEM-Recapitulatif_final_2015.pdf

http://major-prepa.com/classements/classement-major-prepa-sigem-2016/

SIGEM traduit un moment donné la hiérarchie des préparationnaires, rien de plus, rien de moins.

Classement des écoles de commerce : le brouillard est total

En chamboulant tout, en créant la surprise, il sera possible d'augmenter la consommation de champagne dans telle école et celle d'antidépresseurs dans une autre.

Les étudiants de CPGE sont relativement à l'abri des conséquences de ces perturbations, leurs professeurs ont une bonne connaissance du terrain et ils les conseillent. Les admis sur titres sont les plus exposés. J'ai pu constater la crédulité de certains en participant au forum d' « école2commerce ». La perspective d'obtenir une brassée de doubles diplômes les détourne souvent de l'essentiel.

Il me fallait comprendre et depuis quatre ans j'ai étudié la méthodologie des classements. A la condition qu'elle existe ... Je suis effrayé par ce que j'ai trouvé. Loin de moi l'idée d'un complot ou de démarche malhonnête. Les informations données par les écoles sur leurs sites sont vérifiables et je ne les remets pas en cause. Le problème est dans l'écart existant entre les informations des sites des écoles et ce qui est utilisé dans les classements.

Pourquoi ces écarts ? La presse utilise trop de critères, trop complexes pour celui qui ne maitrise pas toutes les clefs pédagogiques. A vouloir par tous les moyens « sortir » des classements les magazines n'ont sans doute pas vérifié les sources.

En reprenant les erreurs, les barres utilisées pour octroyer les points, les écarts inadmissibles entre les indicateurs fournis par les services communication de certaines écoles et les chiffres officiels fournis au ministère, il sera possible de relativiser   les mouvements intervenus dans la hiérarchie des écoles.

Ne désespérons pas, les directeurs d'écoles d'ingénieurs montrent la voie et les écoles de commerce devraient s'en inspirer. Les classements d'écoles d'ingénieurs de l'Usine Nouvelle ou de l'Etudiant sont d'une autre qualité que ce que nous offre la presse pour les écoles de commerce.

http://www.letudiant.fr/palmares/liste-profils/palmares-des-ecoles-d-ingenieurs/palmares-des-ecoles-d-ingenieurs-notre-methodologie/home.html

La CTI (Commission des titres d'ingénieur) est composée de 32 membres : directeurs ou anciens directeurs d'école, enseignants, syndicalistes, représentants des ministères et des organisations professionnelles. Elle certifie les données sur lesquelles travaille la presse. S'y ajoute un questionnaire, établi avec le précieux concours de la Commission des titres d'ingénieurs (CTI), de la Conférence des directeurs d'écoles françaises d'ingénieurs (Cdefi) et de la Conférence des grandes écoles (CGE).

Je ne comprends pas pourquoi les classements des écoles de commerce ne reposent pas eux aussi sur des données certifiées ?

Les données existent, l'équivalent de la CTI est la CEFDG. Depuis 2003, la commission d'évaluation des formations et diplômes de gestion (CEFDG) évalue les formations des écoles de management privées (établissements techniques reconnus par l'Etat) ou consulaires. Les données sont publiques, elles m'ont servi pour établir ce guide.

Depuis 1993, la Conférence des Grandes Écoles réalise des enquêtes d'insertion auprès des jeunes diplômés de ses écoles-membres. Il en résulte une enquête nationale, pilotée par l'École nationale de la statistique et de l'analyse de l'information (Ensai). Pourquoi la CGE ne fournit-elle pas les résultats de cette enquête école par école ?

Les écoles seront honnêtes dans leurs réponses surtout si elles savent que les autres écoles auront accès au détail des réponses.

L'absence de transparence, l'impossibilité d'accéder aux sources sont les maux des classements ordinaires.

Quand c'est trouble, c'est qu'il y a un loup…

Nous reconnaitrons cependant une utilité aux informations de l'Etudiant. Encore faut-il savoir lire les informations et ne pas construire de classement, ce que l'Etudiant ne fait pas.

CHAPITRE 8

Demain la capacité à proposer des formations pour les cadres en activité sera la clef de la notoriété des écoles.

J'ai dénoncé les stratégies de diversification par le bas. Il s'agit de créer un maximum de formation undergraduate de type bachelor pour « faire du chiffre ».

La stratégie gagnante des écoles est toute autre, il s'agit de la **diversification par le haut** sur le modèle INSEAD . Elle revient à compléter le PGE par des formations post graduate (second cycle, c'est-à-dire après le master).

Certaines offrent une double compétence au diplômé du PGE, c'est-à-dire un complément de formation dans une autre matière que la gestion.

Si elles le font en interne , la qualité n'est pas toujours au rendez-vous, elles passent le plus souvent par un partenariat universitaire. Encore faut-il qu'il soit de qualité.

Les trois parisiennes ont une longueur d'avance car le partenariat s'effectue avec des universités parisiennes sélectives.

Les bons masters universitaires sont plus sélectifs (des promotions de 25 étudiants) que les écoles, ils sont indispensables dans les compétences du droit des maths financières…

Que proposent réellement en interne les écoles en supplément à leur PGE, des formations qui ne concernent à priori pas les étudiants de pge mais qui contribuent au rayonnement de l'école.

Le plus difficile à comprendre pour un candidat au PGE c'est que l'on ne choisit pas une école pour y suivre ces formations mais on peut prendre en compte leur existence comme élément d'une stratégie. La notoriété de l'école se joue en effet là.

Il peut y avoir un intérêt si le MS ou Msc est ouvert aux étudiants du PGE , il prolonge leur formation de six mois et la complète d'une expérience. IL Y A MEME UN AVANTAGE si le diplôme a une reconnaissance forte par exemple celle du Financial Times. Attention ce n'est pas automatique.

L'ESCP est la parisienne qui propose le plus de parcours de ce type. En province Skéma en a fait la clef de sa stratégie et depuis 2016 ,Néoma un élément essentiel de son renouveau.

Il y a surtout le diplôme roi du monde anglo saxon, le MBA **conçu pour booster la carrière des cadres en exercice il n'intéresse donc pas directement les étudiants du PGE. Il intervient comme un complément de formation après une expérience professionnelle.**

Le prestige du MBA TRADUIT DIRECTEMENT LE RAYONNEMENT DE L'ECOLE SUR L'ENTREPRISE. A vocation non académique, le MBA n'est pas un doctorat.

Les classements post graduate du financial times

Ce n'est pas un hasard si Hec domine et s'avoue un seul concurrent, l'INSEAD .Cependant l'Essec, l'Escp ont aussi développé des MBA reconnus et la province réserve des surprises. Ainsi GEM propose deux MBA dans la liste sélective du FT mais Lyon , l'Edhec, Neoma , Kedge et tbs sont également présentes

La liste ci-dessous   fait l'inventaire des formations post graduate sélectives reconnues par le Financial Times

hec 14 PROGRAMMES

ms finance reconnu FT 1ER France et monde

5 MS MSC

http://www.hec.fr/#

7 EXECUTIVES MS

http://www.exed.hec.fr/executive-masteres-specialises

2mba ft 1er et 2eme France

Essec 20 PROGRAMMES

15 MS MSC

http://www.essec.edu/fr/masters-et-grande-ecole/

MS finance reconnu FT 4EME France

5 MBA

1 mba ft 5eme France

Escp 35 PROGRAMMES

22 MS MSC 12 MS EXECUTIVE

http://www.escpeurope.eu/fr/programmes-escp-europe/masters-et-masteres-specialises/presentation-masteres-specialises-msc-plein-temps-enseignement-superieur-grande-ecole-de-commerce-escp-europe/

Ms finance reconnu ft 2eme France et monde

1 mba ft 3eme France

EDHEC 15 programmes

http://www.groupe-edhec.fr/programmes/programmes-academiques/l-offre-de-programmes-d-edhec-business-school-124402.kjsp?RH=FormIniFr

http://msc.edhec.edu/12-masters-of-science-to-specialise-in-finance-or-business-112863.kjsp?RH=FormIniFr

12 MS tous en Anglais

MS finance FR 3eme France

3 mba

1 mba reconnu ft 7eme France

em lyon 17 programmes

11 ms 5 msc

http://masters.em-lyon.com/fr/masteres-specialises-emlyon

msc finance reconnu FT 7EME France

mba reconnu FT 7eme France

Audencia 15 programmes

Audencia 11   ms msc

http://www.audencia.com/programmes/formations-mastere-specialise-r/

http://www.audencia.com/programmes/masters-internationaux/

3 PROGRAMMES MBA ET UN EXECUTIVE MBA

http://www.audencia.com/programmes/programmes-mba/

NEOMA 17 PROGRAMMES

15 msc ms

Ms reconnu FT EN FINANCE 8eme français

http://www.neoma-bs.fr/formations/masteres-specialises-masters-of-science-plein-temps

http://www.neoma-bs.fr/formations/masteres-specialises-masters-of-science-temps-partiel

DEUX MBA DONT UN RECONNU FT 5eme français

http://www.neoma-bs.fr/executive-education/mba/mba-presentation-du-programme

Gem 13 programmes

11 Ms MSc

 MS FINANCE Financial times 6eme français

http://www.grenoble-em.com/masteres-specialises

2 mba reconnus ft 4eme France   et 4eme

<http://en.grenoble-em.com/mba-master-business-administration>

kedge 9 PROGRAMMES

<http://www.kedgebs.com/fr/les-formations/les-formations-continues/diplomes-generalistes-en-management#>

 7 msc ms

2 mba

Mba reconnu FT 5em France

 Skema 20 programmes

18 ms ou msc certains sont en français ou en anglais

<http://www.skema-bs.fr/pages/selection-formation.aspx>

 Ms finance Financial times 5eme France

2MBA

 tbs 15 programmes

12 ms msc

<http://www.tbs-education.fr/fr/formations/ms-msc/masteres-specialisesr-ms>

 2mba

<http://www.tbs-education.fr/fr/formations/mba>

QS World University Rankings

Le think tank britannique QS Quacquarelli Symonds, spécialiste international reconnu de l'enseignement supérieur, publie son évaluation 2017 des 250 meilleures business schools au monde.

Pour mener cette étude, QS Quacquarelli Symonds *s'est appuyé sur les éléments de réponse fournis par plus de 12000 employeurs de diplômés MBA à travers le monde, conjugués aux retours de plus de 8500 représentants du monde académique international dans le domaine du business et du management. L'objectif : identifier les 250 institutions qui, à travers le monde, avec 36 pays différents représentés, proposent aujourd'hui les meilleurs programmes full-time MBA.*

Les institutions sont ensuite classées en fonction de la conformité de leur production de recherche avec les meilleurs standards académiques internationaux et de la qualité de l'employabilité de leurs diplômés MBA full-time.

Le <u>QS Global 250 Business Schools Report 2017</u> permet donc de *mettre en lumière la capacité de chaque Business School à répondre à son objectif premier : former des diplômés talentueux affichant une employabilité solide et durable tout en produisant une activité de recherche de pointe au bénéfice des étudiants, des organisations et plus globalement de la société.*

Chaque année, une enquête constitue la pièce maîtresse du QS World University Rankings. Les réponses de 76 798 universitaires du monde entier sont prises en compte.

Sur une liste de 500 écoles de commerce classées par région, les employeurs sont invités à Identifier les écoles qu'ils considèrent comme attrayantes.

Global Elite Schools

INSEAD, France

HEC Paris MBA Program, France

ESSEC Business School, France

Top-Tier Employability Schools

EDHEC Business School, France

Superior Schools

EMLYON Business School, France

Audencia Business School, France

NEOMA Business School, France

Sorbonne Graduate Business School - IAE deParis, France

Grenoble Graduate School of Business, Grenoble Ecole de Management, France

Aix-Marseille Graduate School of Management (IAE Aix), France

L'accréditation AMBA

AMBA, qui signifie Association of MBAs, désigne un label britannique délivré par l'association du même nom. Ce label accrédite les Masters et les MBAs. Cette association britannique est en quelque sorte l'équivalent de l'association américaine AACSB et de l'European Foundation for Management Developpement (EFMD) qui délivre le label EQUIS.

Depuis sa création en 1967, plus de 200 écoles de commerce dans le monde ont été accréditées AMBA dans près de 80 pays. L'accréditation AMBA concerne uniquement une formation et non un établissement entier, comme certains labels. Elle est délivrée pour 5 ans.

La garantie AMBA

L'octroi de l'accréditation AMBA est conditionné par l'évaluation d'un certain nombre de critères très rigoureux. De ce fait, seules les formations qui répondent aux plus hautes exigences qualitatives pourront recevoir ce label.

« Le label AMBA est attribué aux formations qui répondent aux besoins concrets des employeurs. Celles-ci doivent donc converger avec un objectif de professionnalisation. L'évaluation de la formation passe donc irrémédiablement par des entretiens avec les employeurs. Pour obtenir le fameux label, le programme doit être en adéquation avec les besoins des entreprises. C'est même l'un des critères fondamentaux. Le programme doit aussi refléter un équilibre entre la théorie et la pratique, afin de mieux répondre aux attentes des employeurs. Parmi les autres critères évalués figurent également la dimension internationale de la formation reçue par les managers, ainsi que l'approche pédagogique utilisée pour côtoyer différentes cultures. »

18 business school français ont obtenu pour l'un de leurs programmes le label AMBA. Il s'agit, dans la plupart des cas des MBA.

- Audencia Nantes

- CNAM International Institute of Management

- EDHEC Business School

- EMLyon

- ENPC

- ESC Rennes

- ESCP Europe

- Grenoble école de management

- HEC

- IAE Aix-en-Provence

- ICN business School

- INSEAD

- Kedge Business School

- Neoma Business School

- Telecom Business School

- Toulouse Business School

Un petit nombre d'écoles d'élite émergeront via leurs MBA OU MASTERS RECONNUS INTERNATIONALEMENT mais ces formations seront accessibles après une expérience professionnelle

Quelques masters de très grandes universités, plus sélectifs que les programmes « grande école » vont acquérir également une notoriété forte les doctorats universitaires également.

 Et si les étudiants au lieu de cuber pour obtenir une parisienne, intégraient une école du top 10 ? Une formation supplémentaire type MBA, après quelques années d'expérience professionnelle compenserait sans doute la notoriété plus faible de l'école.

Chapitre 9

Ecoles de commerce : Le classement de ceux qui en sont sortis et qui embauchent.

Pour appréhender le classement des écoles pourquoi ne pas prendre en compte ce que pensent les cadres en entreprise

Les membres du groupe LinkedIn de l'Association Nationale des Directeurs des Ressources Humaines, des cadres d'entreprise anciens élèves des CPGE de Grandchamp, une centaine de professeurs, des étudiants en écoles ont été invités à classer les grandes écoles de commerce. Sur près de 13 000 personnes sollicitées par un lien internet, 1216 ont spontanément participé à l'enquête. Un nombre suffisant pour crédibiliser le classement. Il était demandé de citer les huit meilleures écoles de France. Rien de plus.

Pas de critères compliqués, pas de motivations publicitaires, le simple regard de ceux qui recrutent et pratiquent l'entreprise.

Le top 3 : les parisiennes

1 ESCP –HEC- 96.5%

3 ESSEC ……. 96.2%

Le terrain ne donne aucun avantage particulier à HEC, les trois écoles se tiennent dans un mouchoir de poche avec une égalité entre HEC et l'Escp.

Le top 5

4 EM LYON....91.12%

5 EDHEC........88.72%

Les deux grandes écoles de province se détachent à peine des parisiennes et les participants les citent neuf fois sur dix parmi les bonnes écoles.

Le top 8

6 AUDENCIA... 70.57%

7 GRENOBE EM. 64.8%

8 NEOMA ROUEN REIMS 46.27%

La hiérarchie des trois dernières écoles du top huit est nette pour les participants du terrain. Notons qu'ils ont cependant classé une université, proposée dans la liste.

9 Paris Dauphine 45.22%

La suite du classement est marquée par un véritable décrochage, les autres institutions sont toutes citées, parmi les huit meilleures écoles de France, par moins de 15% des participants.

10 Toulouse BS   13.8%

11 IESEG   10.5%

12 KEDGE   SKEMA 6.6%

14 TELECOM 6.5%

15 ICN 4 .12%

16 MONTPELLIER ESCE 1.95%

18 RENNES 1.65%

19 IPAG 0.55%%

Bilan aucune des stars des classements récents de la presse ne figure dans le top 10 de ce sondage.

Mais les classements ont-ils l'importance que les étudiants leur accordent ? En 2010 un sondage réalisé à la demande de la CCIP permet de mieux cerner ce qu'attendent les entreprises. Nous sommes là encore très loin des approches habituelles.

Une majorité d'entreprises se déclarent plutôt satisfaites des profils écoles de commerce. Elles mettent en avant la qualité de leur formation. Seuls 17% pensent qu'ils ne répondent pas tellement à leurs attentes. Les raisons sont variées : ils ne seraient pas vraiment adaptés aux besoins de l'entreprise, ils seraient trop "théoriques" pas assez "pratiques" voire ils seraient trop diplômés ou trop chers.

A la question « Pour le recrutement des cadres, faites-vous une distinction entre les différentes écoles de commerce ? », les recruteurs estiment dans leur très grande majorité, qu'il n'existe pas de différence entre les écoles de commerce, que ce soit pour des postes confirmés ou non.

Encore plus intéressant, 85% déclarent ne faire pas de distinction au niveau du salaire d'embauche (ce qui est logique par rapport à la question précédente). Cependant, les très grosses entreprises (plus de 2000 salariés) ont tendance à dire qu'elles ont des "grilles de salaire" en fonction des écoles. C'est également le cas pour les entreprises du secteur bancaire mais uniquement pour les jeunes diplômés.

« La reconnaissance d'une école par le Ministère et dans une moindre mesure le grade de Master, sont les deux seuls aspects qui semblent importants aux yeux des recruteurs. L'appartenance à la Conférence des Grandes Écoles, comme les accréditations internationales et le concours commun ne sont que secondaires voire pas importants pour nombre de recruteurs. Avec un bémol pour les très grosses entreprises (>2000 sal.) qui, en tendance, sont plus attachées à l'appartenance à la Conférence des Grandes Écoles. »

La perception des classements

Les recruteurs considèrent plutôt que les classements ne sont pas des outils de recrutement. Ainsi seul 1 recruteur sur 10 consulte les classements établis sur les écoles de commerce. Il s'agit surtout de DRH de très grosses entreprises (>2000 sal.).

Quand une école de commerce est classée 36ème sur 40 dans Le Point, est-ce une mauvaise école ?

« Sachant qu'il existe près de 200 écoles de commerce, pour les ¾ des recruteurs faire partie des 40 écoles classées par Le Point est quand même gage de qualité. Une école classée 36ème sur 40, n'est donc pas considérée comme une mauvaise école.

En fait, le plus souvent, les indicateurs qui entrent en compte dans le recrutement sont le savoir-être et l'expérience des candidats. S'ils veulent vraiment juger de la qualité d'une école, les recruteurs vont plutôt se fier à des sources professionnelles qu'ils connaissent : les anciens élèves qui travaillent dans leur entreprise, la réputation des professeurs, le nom des entreprises qui sont partenaires de ces écoles...

Pour les recruteurs qui évoquent des classements, ceux-ci ont des grilles de rémunération en fonction des écoles. Mais le phénomène est marginal et touche des secteurs particuliers comme l'audit ou des très grosses entreprises. Ce qu'il faut retenir aussi est qu'il s'agit de classements internes et non des classements de la presse et qu'il n'y a pas de relation entre eux.

En 2012 l'Ifop a interrogé 405 DRH, 59 % des responsables de ressources humaines ou du recrutement estiment que «la formation en école de commerce et de management n'est pas adaptée à leurs besoins», Raison invoquée par les entreprises? «Les enseignements ne sont pas en phase avec nos besoins», répondent-elles à 66 %. Pour autant, les profils de jeunes diplômés d'écoles de commerce_ continuent d'intéresser les entreprises, notamment en raison de «leur aptitude à s'adapter rapidement à un poste» (51 %).

Les recruteurs se montrent de plus attentifs au parcours global du jeune diplômé. Ils déclarent ainsi à 68 % «tenir compte de la formation suivie avant l'entrée à l'école et ils privilégient le passage par ... une prépa.

http://etudiant.lefigaro.fr/orientation/actus-et-conseils/detail/article/les-recruteurs-preferent-les-diplomes-passes-par-une-prepa-690/

Il est temps d'étudier les écoles à travers le prisme des métiers et de la qualité de l'insertion.

Chapitre 10

Quelles écoles pour quels métiers ?

Impossible de présenter tous les métiers mais il y a les grands classiques et d'abord la finance

Un des meilleurs guides pour les métiers de la finance est sur le forum PREPA HEC , il est signé Mahuf

http://www.prepa-hec.org/forum/les-metiers-finance-t11115.html

1)Les gros bataillons de la finance

Les métiers de la finance sont les points forts des valeurs sures de province (Audencia, Neoma ,Lyon ,Edhec…) à la condition d'accepter une formation « dure » et donc de travailler en école .

Veillez à la qualité de vos stages et à la qualité de votre parcours. Les électifs de finance sont toujours les plus difficiles. Une école qui organise elle-même les études du DSCG sans sous-traiter à l'Université sera un plus, de même une école habilitée pour le CFA. Un apprentissage sera un plus. Le Dscg sera utile à tous et pas seulement aux futurs experts comptables. Le passage par un cabinet (un big four) pour les métiers de l'audit est considéré comme une étape dans le processus d'initiation. Certains feront carrière dans le cabinet, beaucoup trouverons une position de repli en audit interne ou contrôle de gestion en entreprise

AUDITEUR Il est le plus souvent audit externe et membre d'un cabinet d'audit dont la raison sociale est d'examiner, la « santé » des entreprises qui le sollicitent. Seules les très grandes entreprises s'équipent d'un service d'audit interne. Il évalue leur situation globale ou celle d'un service en particulier et contrôle leurs comptes. L'audit opère en équipe et sa mission doit respecter un calendrier précis. Il travaille avec deux sources d'investigation : les personnels de direction et responsables des différents services et tous les documents comptables exposant les recettes et les dépenses. Tout cet examen a aussi pour objet de vérifier la conformité avec les normes et la législation en vigueur. L'audit rédige une synthèse résultant de ses investigations et dresse un diagnostic qu'il remet à l'entreprise cliente.

CONTROLE DE GESTION

Le contrôleur de gestion réalise des budgets prévisionnels et élabore les outils nécessaires au suivi des résultats (tableaux de bord, indicateurs). Le contrôleur de gestion participe à la définition des objectifs d'un service ou d'un département, à partir des éléments donnés par les services commerciaux.

Il met ensuite au point un projet de plan avec les responsables opérationnels : niveau de production à atteindre, moyens financiers, humains et techniques à mettre en œuvre. Il peut aussi être amené à réaliser des études économiques et financières.

C'est lui qui élabore ses outils. Ce sont les tableaux de bord qui font apparaître l'ensemble des résultats de l'entreprise (production, activité commerciale, stocks, rentabilité des investissements...).

Ces tableaux sont réalisés à partir de programmes de collecte et de traitement des informations comptables et financières mis au point avec des ingénieur .Les diplômés du Master Contrôle de Gestion et Système d'Information universitaire sont de rudes concurrents .

Toutes ces interventions du contrôleur de gestion servent notamment à l'analyse des écarts existant entre les chiffres de prévisions et les chiffres réalisés. Il fait remonter l'information jusqu'à la direction générale et préconise des solutions pour remédier aux difficultés rencontrées.

EXPERT COMPTABLE AVEC POURSUITE D'ETUDE DECF DEC

L'expert-comptable doit obligatoirement, pour exercer la profession, être inscrit à l'ordre des experts-comptables, après avoir prêté serment. Il est soumis à une déontologie rigoureuse.

• Une mission d'opinion : la révision comptable, ou l'audit, consiste en un examen en vue d'exprimer une opinion motivée sur la régularité et la sincérité des comptes.

• Des missions comptables : l'établissement des comptes des entreprises et la consolidation des comptes annuels des groupes de sociétés doivent se conformer aux recommandations très précises du Conseil de l'ordre.

• Des missions de conseil et d'assistance : diagnostic et conseil en organisation générale, administrative et comptable, conseil et aide à la décision, conseil en matière juridique, fiscale et sociale, organisation et mise en place de systèmes informatiques spécialisés,

La grande majorité des experts-comptables sont aussi commissaires aux comptes.

La concurrence des masters universitaires cca existe mis la formation généraliste des écoles constitue un plus.

Analyste financier avec en plus une spécialisation finance, le CFA ou plus facilement si l'on sort d'une parisienne

L'analyste financier procède à l'évaluation des sociétés sous tous leurs aspects : rentabilité, ressources humaines, restructurations à opérer...Il rencontre régulièrement les responsables de la communication financière, les directeurs financiers, directeurs généraux des sociétés du secteur qu'il étudie. Quand il intervient sur les marchés, il peut conseiller les vendeurs de la salle des marchés qui répercutent ses conseils à leurs clients afin de mieux orienter leurs ordres d'achat ou de vente.S'il travaille dans une banque, il peut exercer un rôle de conseil aux gestionnaires de portefeuilles sur l'opportunité d'effectuer tel ou tel placement. Dans les deux cas il suit de très près les salles de marchés. Quand il travaille dans le cadre de rachats d'entreprises ou de conseil aux dirigeants en place, il effectue des études beaucoup plus approfondies. Les analystes financiers se partagent entre des analystes « purs », environ 40 %, et des gestionnaires de portefeuilles. Un tiers des analystes exerce dans les sociétés de bourse, un autre tiers dans les banques et le dernier tiers dans divers secteurs comme les bureaux d'études indépendants. La quasi-totalité des analystes exerce en région parisienne, au sein d'un siège social.

Direction Financière après dix ou 20 ans de carrière

Le directeur financier est l'un des plus proches collaborateurs du PDG. Il assure et supervise la gestion de la trésorerie, de la dette, les analyses financières et fiscales et propose des stratégies. Les investissements se font avec son aval

La Finance de Marché,

Le cœur de métier des écoles d'ingénieurs, les doubles cursus à double compétence gestion ingénieur, les matheux à double cursus gestion et maths à l'Université. Les écoles parisiennes offrent ces doubles compétences, les prétendantes s' y efforcent. Ce sera possible mais avec plus de difficultés pour les valeurs sures (qualité des stages, qualifications AMF , CFA nécessaires…)

La finance de marché est divisée en 3 catégories:

– le front office, qui passe les ordres sur le marché et qui communique avec les clients

– le middle office, qui agit comme support au front office pour vérifier que leurs positions sur le marché sont tenables

– le back office s'assure que les transactions effectuées sur les marchés sont bien réalisées dans les règles

Broker - Clients finaux

Broker - Produits Listés

Le Front Office des Banques

Quant

Sales Trader

Sales

Trader

Le trader est un négociateur de valeurs engagées par une banque, une société de bourse ou d'investissement. Financier, analyste économique, il anticipe les fluctuations boursières afin d'engendrer des profits.

Le métier de trader est une activité professionnelle liée aux échanges internationaux. Elle consiste à gérer du risque financier en jouant sur des écarts de cours, le plus souvent à court terme.

Back office plus accessible

Gestionnaire Middle office

Les métiers de la banque et la finance d'Entreprise

La finance d'entreprise peut s'exercer au sein d'une entreprise, mais plus souvent au sein d'une banque d'affaires pour les jeunes diplômés. Certaines banques ou entreprises d'assurances disposent d'un département de « private equity », qui s'occupe de la finance d'entreprise dans les sociétés non-cotées.

Chargé d'Affaires prend en charge les dimensions commerciales, financières et organisationnelles du projet.

Asset Management : Gère les actifs et placements investis sur les différents marchés financiers français et internationaux.

Analyste Risques de Crédit

Analyste Risques de Marché

Fusion Acquisition : Conseiller des entreprises dans la réalisation de montages financiers complexes d'achat de sociétés, de vente de filiales, de fusion, d'introduction en bourse. Spécialité finance d'entreprise et 2 stages, 1 en analyse financière, analyse crédit, d'un stage de fin d'études en M&A - **La fusac appartient à la finance d'entreprise élitiste tout comme le PRIVATE EQUITY en banque d'affaire .**

Il est possible d'intégrer des fonctions moins élitistes par le contrôle de gestion et l'audit :

Contrôle et Conformité

Chargé de conformité

Contrôleur opérationnel bancaire

Risk Management

Analyste Risques de Contrepartie

Analyste Risques Opérationnels

Chargé d'Appels d'offres

Commercial

Gérant de portefeuille

Chargé de Comptes

Comptable OPCVM

2 Le conseil

Le passage quasi obligatoire après une école de commerce pour un étudiant sur deux.

Advisory possible avec une bonne école provinciale

Conseil en Organisation et S.I.

Consultant en S.I. la concurrence sera rude avec les informaticiens et certains bons masters universitaires : Master Gestion des Systèmes d'Information (GSI) de Dauphine, Master Contrôle de Gestion et Système d'Information

Conseil en Stratégie la chasse gardée des parisiennes

Le niveau de recrutement chez R Berger est similaire à celui des autres cabinets de conseil en stratégie dits du "premier cercle" (McKinsey, BCG, Bain, Oliver Wyman et ATKearney). Le niveau de sélection s'arrête à l'ESCP. En dessous, le CV est normalement refusé. Il existe cependant certaines exceptions avec l'EM, mais il faut justifier pour cela d'une expérience en stage au moins dans un cabinet de conseil similaire (ce qui est donc très rare), ou dans une banque d'affaires et être recommandé. Mais cela reste des phénomènes très marginaux. Le reste du recrutement de ces cabinets se fait dans les écoles d'ingénieurs (X, Centrale, Mines, Ponts, principalement).

3) il n'y a pas que la finance/ PRODUIRE ET VENDRE

Responsable marketing

Le responsable marketing est chargé d'élaborer et de proposer à sa direction les grandes lignes de la stratégie commerciale de l'entreprise. Pour cela, il recueille les informations sur les attentes des clients et sur la concurrence.

Le chef de produit est un spécialiste du lancement de nouveaux produits sur le marché. Dans la distribution, son métier est proche de celui d'acheteur. Dans l'industrie, il suit le produit de sa conception

Directeur commercial / Directrice commerciale

Le directeur commercial est responsable des activités de vente, du marketing et de la publicité. Chargé du développement, il supervise la prospection. Il rend compte de la stratégie commerciale à la direction générale ou au chef d'entreprise.

L'Account Manager gère un ou plusieurs comptes clients selon le volume de travail (commercialisation, suivi, analyse) exigé par le client. Il est en charge, pour ce dernier, de la direction opérationnelle, commerciale et financière. C'est l'interlocuteur privilégié du client, il coordonne également les services techniques et marketing concernés par le produit ou service vendu au client.

Avec le directeur commercial, ils définissent un plan d'action ainsi que des priorités commerciales. Leurs objectifs sont d'entretenir une relation constante avec les clients afin de confirmer voire augmenter les budgets engagés par le client.

Le rôle de l'Account Manager varie en fonction du secteur d'activité de l'entreprise de son client. C'est pour cette raison que le métier d'Account Manager devra souvent se spécialiser dans la gestion d'une clientèle d'un secteur particulier.

BUSINESS ANALYST

Le Business Analyst (ou analyste d'affaires) est la personne qui, au sein de l'entreprise, est chargée d'assurer l'interface entre le service informatique et les départements opérationnels. Ses principales fonctions consistent à analyser les processus d'information et les stratégies de prise de décision puis de les ajuster, le tout dans une perspective d'amélioration continue. Le Business Analyst s'apparente en conséquence à un véritable gestionnaire de projet qui intègre les différents besoins de l'entreprise en vue de formaliser un certain nombre de cahiers des charges et/ou spécifications adaptés.

Le métier de business analyst nécessite de pouvoir maîtriser toutes les compétences liées à la gestion de projet, mais également, du fait de sa récente popularité au sein des directions financières qui cherchent à s'adapter aux tendances économiques et financières, doit pouvoir mener des études sur des données chiffrées, et disposer d'un profil international.

la logistique

Responsable logistique

4   la rh

Assistante / Assistant de ressources humaines

L'assistant RH assure la gestion du personnel sous l'autorité d'un responsable : saisie de données, transmission de déclarations aux organismes (SS, caisses de retraite...), établissement de feuilles de paie.

Responsable du personnel et de la paie,

Responsable des ressources humaines,

Chargée de recrutement, responsable formation

Directeur / Directrice des ressources humaines

Le directeur des ressources humaines - DRH - est responsable de la politique de recrutement, de la gestion des relations humaines et de management social de l'entreprise. Il est rattaché directement à la direction générale.

Charlotte Drillon :

Un enjeu crucial pour les business schools

Les ressources humaines sont donc en constante évolution. L'influence de la culture startup sur les entreprises a conduit à un repositionnement de la fonction des cadres RH vers des missions plus stratégiques. Chaque année, ces métiers attirent beaucoup de candidats venus d'école de commerce mais pas seulement. De nombreux diplômés en droit social, ou candidats ayant une formation en communication, psychologie, sociologie sont également en compétition pour ces postes. D'où l'importance d'une formation très spécialisée, une nécessité que les écoles de commerce ont bien intégré en développant de nouveaux programmes

6) Le responsable logistique, souvent appelé supply chain manager, veille à ce que le transport des marchandises qu'il supervise se fasse dans les meilleures conditions possibles. Objectif numéro un : réduire les stocks, les délais et les coûts.

7) Community manager

Le community manager est chargé de créer et de fédérer une communauté d'internautes autour d'un intérêt commun. Sa mission consiste à développer et à gérer la présence d'une organisation (marque, association, produit, jeu…) sur Internet.

Expert des communautés web, le community manager travaille pour un annonceur, une agence, une entreprise, un site web... Pour le compte d'une marque ou d'une entreprise, c'est lui qui fédère et anime les échanges entre internautes. Pour cela, il utilise principalement les réseaux sociaux (Youtube, Facebook, Twitter...) et professionnels

(Viadeo, LinkedIn, Xing…). Il est en quelque sorte la "version 2.0" du webmaster

8) et pourquoi pas entrepreneurs

Depuis quelques années je constate avec plaisir le renouveau de la fibre entrepreneuriale. A titre d'exemples j'ai eu des nouvelles de quelques créateurs d'entreprises :

Damien, Loulou et Rémy, les trois mousquetaires. Le premier a fait l'Essec, le deuxième du tennis et l'EDHEC, le troisième les soirées de l'ESSEC. Cursus classique dans la finance et vers la trentaine, comme un autre… la révélation. Eux ils sont créateurs d'entreprises et passent à la télévision.

2013/Lancement du premier Escape Game en France. https://www.linkedin.com/vsearch/p?company=HintHunt+Paris&trk= prof-exp-company-name

2014/ lespinces.com, restaurant de homards à l'Américaine

2015/ Création d'auberges de jeunesse Made in France Les Piaules

http://www.wat.tv/video/made-in-paris-louis-kerveillant-703tp_5gkv9_.html

Gauthier (Audencia) et Louis (Essec) les nouveaux Bill Gate .

Leur agence, Effilab est devenu un acteur incontournable du marketing digital avec pour clients des noms prestigieux. En 2015 ils grossissent et rachètent Adsonval avant de se faire eux-mêmes racheter. A suivre

Christophe (essec) serial founder. Il en est à sa cinquième entreprise et cinquième réussite

effiCity est le réseau d'agence immobilière sans vitrine générant le plus fort chiffre d'affaires par consultant indépendant. Avec 270% de croissance ses 3 dernières années, le concept efficace d'effiCity reçoit le soutien d'un actionnaire leader de l'habitat : le groupe Foncia. effiCity accueille chaque mois de nouveaux consultants, tous désireux d'exercer la profession d'agent immobilier à domicile.

La petite Mathilde est devenue grande, fondatrice de Front App , dans la Silicon Valley. Elle vient de bénéficier d'un article élogieux dans la revue Forbes.

Pour comparer les différentes écoles le plus simple est de prendre en compte le concours du Petit Poucet

http://petitpoucet.fr/2018/02/28/barometre-de-lentrepreneuriat-etudiant-2018/

« Les grandes écoles restent largement représentées avec une majorité d'étudiants issus de cursus business (44%) par rapport au cursus ingénieur (30%). Ces écoles sont suivies par les universités (droit, santé, etc.) qui représentent 26% des postulant.e.s.

Cette année, HEC Paris remporte le prix de Meilleure Ecole Entrepreneuriale de l'Année. Parmi les lauréats, 5 entreprises ont été fondées par des entrepreneur.e.s qui sont passé.e.s par les bancs de cette école (Batiphoenix, Solen, Spacefill, Urgentime, Veesion)

Voici le top 12 des écoles desquels sont issus les candidat.e.s et les lauréat.e.s du Concours Petit Poucet pour cette nouvelle édition :

1. *HEC Paris*

2. *NEOMA*

3. *Polytechnique*

4. *CentraleSupélec*

5. *ESSEC*

6. *Sciences Po Paris*

7. *Université Paris Dauphine*

8. *EM Lyon Business School*

9. *Ecole Nationale Supérieure d'Arts et Métiers*

10. *Institut d'Optique*

11. *ESTP*

12. *SKEMA*

45% des entreprises viennent de région parisienne. Mais les créations d'entreprise par les étudiantes et les jeunes diplômées se multiplient en province. Le développement d'un écosystème entrepreneurial et l'attrait de la qualité de vie motivent les jeunes à s'installer dans principales villes de province. Notons également que 5% des postulantes au Concours Petit Poucet créent leur entreprise ou étudient à l'étranger (Etats-Unis, Europe, Afrique principalement). »

Chapitre 11

LA FORCE D'UNE ECOLE : CELLE DE SON RESEAU

Networking or not working

Le réseau d'anciens est l'un des principaux attributs des écoles de commerce, l'un des facteurs les plus attractifs de ces établissements. Un avantage indéniable sur les universités. Les écoles font profiter leurs diplômés d'un impressionnant carnet d'adresses. Les réseaux d'anciens permettent notamment aux anciens d'aider les plus jeunes à trouver un stage, voire un emploi. La plupart des réseaux d'anciens d'Ecole de Commerce ont des antennes à l'international. Ces relais ont pour mission naturelle de fédérer les anciens présents dans la même région géographique, mais aussi faciliter l'intégration personnelle et professionnelle des étudiants ou anciens étudiants de l'école dans le pays étranger dans lequel ils arrivent.

Attention, cela ne veut pas dire que des anciens de l'école vont vous faire passer avant d'autres candidats parce que vous venez de la même école qu'eux, ou encore qu'ils vont être à votre disposition 24h/24 pour répondre à vos questions. L'Etat d'esprit qui préside au fonctionnement du réseau est le principe de l'**échange gagnant-gagnant** de professionnel à professionnel qui repose sur la confiance et le partage.

Pour cultiver cet état d'esprit, donnez, rendez service lorsque vous êtes sollicité sans rien attendre en retour. En adoptant cette posture désintéressée, vous « jouez le jeu » et le réseau vous le rendra un jour **Les écoles peuvent être classées à partir des carrières de leurs anciens étudiants et de l'importance du réseau. Attention vous aurez des surprises…**

ET SI VOUS TESTIEZ A L'AVEUGLE LES ECOLES DE COMMERCE ?

Tentez l'expérience…

Au cours des expériences à l'aveugle pour le vin et le chocolat de modestes crus surprennent les testeurs.

La « méthode LINKEDIN » repose sur un principe simple et non dénué de bon sens.

Bénéficier de gros stock de diplômés peut être perçu comme un avantage en termes de réseaux d'anciens et de notoriété. Venir d'une institution ayant peu de d'anciens actifs pénalise les jeunes diplômés

Nous partirons de données objectives vérifiables par tous, les fonctions exercées par les anciens telles que le relève LINKEDIN, école par école

https://www.linkedin.com/edu/alumni?id=18483&facets=N,F,N,O&keyword=&dateType=attended&startYear=&endYear=&incNoDates=true&start=0&count=10&filters=off&trk=ta-chg-school

Les classements linkedin ont modifié la perception des écoles dans le monde anglo saxon, utiliser cette méthode pour comprendre le prestige de Harvard me semble une bonne illustration

Malheureusement Linkedin ne propose pas encore en France de classement par fonction, les possibilités offertes ont même été réduite au printemps 2016.

Vous trouverez cependant sur Linkedin des informations déterminantes dans la rubrique ancienne. Précisons que tous les anciens sont représentés y compris ceux des programmes annexes au programme grande école. Les écoles qui ont diversifié vers le haut ou celles qui ont de très bons BBA s'en sortent bien. Les écoles qui ont diversifié vers le bas et qui ont des formations peu porteuses le paient. Une manière de vérifier l'effet dilution.

Après avoir retrouvé l'ESCP, regardez NOVANCIA et anticipez la fusion sur LINKEDIN .

Un grand nombre d'anciens est positif car il témoigne de la puissance de l'école et peut aider.

Certains diront que les résultats en pourcentage sont plus significatifs, je les donnerai donc pour les fonctions.

Certains affirmeront que cette méthode révèle plus l'histoire de l'école que son présent ; oui et non car les jeunes générations sont bien plus représentées que les anciennes sur Linkedin.

Je me suis efforcé de faire apparaitre les singularités des écoles même si les chiffres sont peu importants. Elles permettent de faire apparaitre les choix les plus récents des écoles :

Le % à l'international, aux Etats Unis et au UK

Le poids des anciens à Paris

Si certaines écoles se sont données récemment une dimension internationale les chiffres le montrent (1/3 au moins des effectifs à l'étranger), sinon c'est de la com.

Idem pour les doubles compétences par exemple en droit, les écoles qui ont réellement fait des efforts se distinguent des autres avec déjà plus de 1% de leurs anciens dans les services juridiques

Les métiers traditionnels de la finance constituent les gros bataillons, certaines écoles ont même un tiers et plus de leurs anciens dans ce secteur avec un nombre significatif d'anciens dans les big four (2% et plus des effectifs). Vous les distinguerez clairement des autres …

Une école avec moins du quart de ses anciens en finance et moins de 1% dans les big four est une école fragile en finance .

Mais l'observateur attentif constatera également que certaines écoles ont des anciens dans la finance dite sélective, les banques d'affaires et dans les grands cabinets de stratégie. Ne vous trompez pas ces écoles sont les plus prestigieuses, mais où se situe la ligne de démarcation ?

Le top 5 existe-t-il ???? Les recruteurs ont-ils une hiérarchie très précise des écoles

Faites le test en fonction de vos attentes, cela peut vous aider à choisir…

Pour vous entraîner je vous propose quelques écoles qui, malgré toutes leurs qualités, ne sont pas dans le groupe des parisiennes ni dans celui des grandes écoles de province

Rennes

11815 anciens LinkedIn

 Ecole coqueluche de la presse « spécialisée » mais très modeste réseau d'anciens, faiblesse sur Paris, sur la finance et les big four, un point intéressant, l'ouverture internationale et la vente

International 38%   USA UK 6%   ☺

Paris 22%

Entrepreneuriat 2.5%

Big four 76   0.6%

Compta opération conseil finance 2450 20%

market vente   3300   28% ☺

média com 6%

NOMBRE SIGNIFICATIF d'anciens dans les grands cabinets et les banques d'affaires : non

IESEG

11685 anciens linkedin

Ecole adorée par tous ceux qui n'aiment pas les prépas, elle est unanimement présentée comme la meilleure des post bac et la presse « spécialisée » l'adore

Très faible réseau d'anciens, faiblesse du nombre d'anciens dans la finance, ils sont surtout nombreux dans les services et la distribution

INTERNATIONAL 1/3 usa uk 5%

Paris 1/3   ☺

ENTREPRENEURIAT 2.5%

BIG FOUR 243   2%

FINANCE COMPTA OPERATION CONSEIL   2950   25.5%

VENTE MARKETING   2470   21%

MEDIA COM 4%

NOMBRE SIGNIFICATIF d'anciens dans les grands cabinets et les banques d'affaires : non

Une autre chouchoute des classements, une vieille école STRASBOURG

9686 anciens linkedin Réseau d'anciens très modeste pour une vieille école, faible présence sur Paris, école régionale, ouverte sur la proximité, petite faiblesse en finance, un plus en media com

un tiers des anciens à l'international ☺ mais surtout Allemagne, Luxembourg Belgique Suisse ;7 % UK USA

15% sur Paris

big four 178 (1,8%) grâce au Luxembourg

Finance compta opération conseil 2650 27%

MARKET VENTE 2250 23%

MEDIA COM 8.5%

ENSEIGNEMENT RECHERCHE   5%

Ces écoles sont bonnes et relativement sélectives, un petit regard sur Novancia…..

4689 anciens linkedin TAILLE réseau, international, finance…. nous ne sommes plus dans la même catégorie, essayez de retrouver l'ESCP ET VOUS COMPRENDREZ CE QU EST LE MARIAGE DE LA CARPE ET DU LAPIN

Novancia est précisons-le une vieille école née en 1863 mais ce n'est pas une Grande Ecole, c 'est une école de vente

Passons au test…..

ECOLE A

Beau réseau d'anciens 45000☺ Forte représentation à l'international et à Paris, équilibre des fonctions avec des effectifs assez significatifs en droit et finance sélective, enseignement recherche, plus faible dans les métiers traditionnels de la finance et du market.

International 42% usa uk 13%   ☺☺

Paris 40%☺

ENTREPRENEURIAT 6%☺

BIG FOUR 830 1,8%

BCG MK MORGAN STAN GOLDMAN UBS 240 ☺

DROIT 1,8%☺

Enseignement recherche7%

Compta finance opérations, conseil 14 700 33%☺

MARKET VENTE 9200 20%

Medias com 5%

NOMBRE SIGNIFICATIF d'anciens dans les grands cabinets et les banques d'affaires : assez☺

ECOLE B

Beau réseau avec plus de 41000 anciens pris en compte ☺ ensemble équilibré avec un point fort en finance et les big four, beaucoup d'anciens à Paris International 34%   8% USA UK☺

PARIS 34%

ENTREPRENEURIAT 3,5 %

BIG FOUR 980   2,4%☺

FINANCE CONSEIL OPERATION COMPTA 12300   30% ☺

VENTE MARKET 10100   24%

MEDIAS COM 6%

ENSEIGNEMENT RECHERCHE 4%

NOMBRE SIGNIFICATIF d'anciens dans les grands cabinets et les banques d'affaires : non

ECOLE C

Réseau d'anciens convenable 29000 ; débouchés équilibrés avec des points forts en entrepreneuriat et market ventes

international 1/3   7% USA UK☺

Moins de ¼ SUR Paris

Entrepreneurs 6% ☺

Big four SEULEMENT 340 1,5%

Finance opérations conseil compta seulement 8600 30 % ☺

Vente market 5800 1 /4

MEDIAS COM 5%

Droit 1 ,5%   ☺

Enseignement recherche 4%

NOMBRE SIGNIFICATIF d'anciens dans les grands cabinets et les banques d'affaires : non

ECOLE D

Réseau d'anciens modeste, 16900, débouchés équilibrés avec un point fort en finance beaucoup d'anciens à Paris

1/ 3 à l'international   8% USA UK☺

35% à Paris   ☺

ENTREPRENEURIAT   3 ,5 %

Big four 430   3% ☺

Compta finance opération conseil 5500   30% ☺

VENTE MARKET 3900   24%

MEDIAS COM 6%

ENSEIGNEMENT RECHERCHE 5%

NOMBRE SIGNIFICATIF d'anciens dans les grands cabinets et les banques d'affaires : non

ECOLE E

Réseau anciens convenable 28000 ; débouchés équilibrés avec une faiblesse en finance mais des effectifs significatifs en SI (Solucom…) et beaucoup d'anciens à l'international, moins à Paris

International élevé 40% 10% USA UK☺☺

PARIS faible 1/4

ENTREPRENEURIAT 4%

BIG FOUR 460   1,5%

VENTE MARKET 7230   ¼

FINANCE COMPTA OPE CONSEIL 7600 26% ☺

ENSEIGNEMENT RECHERCHE 6%

MEDIAS COM 6%

NOMBRE SIGNIFICATIF d'anciens dans les grands cabinets et les banques d'affaires : non

ECOLE F

Très beau réseau d'anciens plus de 53000 ☺☺forte représentation à l'international et sur Paris,

 fonctions spécifiques ENTREPRENEURIAT grands cabinets, banques d'affaires droit significatives☺

International 40%   USA UK 10%PARIS 42%☺☺

Entrepreneuriat 8%

BIG FOUR   1%

BCG MK GOLDMAN MORGAN S STANLEY 800   1.5%☺

DROIT 2%☺

ENSEIGNEMENT RECHERCHE 7%

Médiat et com 3,5%

FINANCE COMPTA OPERA CONSEIL 15300   27%☺

VENTE MARKET   9000   17%

NOMBRE SIGNIFICATIF d'anciens dans les grands cabinets et les banques d'affaires : oui ☺

ECOLE G

Réseau d'anciens convenable 34000 débouchés équilibrés, légèrement moins à Paris et dans les big four

International 35%   7%usa uk ☺

 Paris 29%

ENTREPRENEURIAT 3%

BIG FOUR 540   1 ,5%

Compta finance opérations conseil 10400 30% ☺

Market vente 8100   26%

MEDIAS COM 4%

NOMBRE SIGNIFICATIF d'anciens dans les grands cabinets et les banques d'affaires : non

ECOLE H

Réseau d'anciens convenables 31300 débouchés équilibrés avec un avantage en finance et une faiblesse en market vente

International 33%   9% ☺ USA UK PARIS 33% ☺

ENTREPRENEURIAT 4%

BIG FOUR 610 2%

COMPTA FINANCE OPE CONSEIL 9500 30% ☺

MARKET VENTE 7000 23%

ENSEIGNEMENT RECHERCHE 5%

DROIT 1 ,5% ☺

MEDIAS COM 6%

NOMBRE SIGNIFICATIF d'anciens dans les grands cabinets et les banques d'affaires : non

ECOLE I Très beau réseau d'anciens 50 000, ☺ forte représentation parisienne, effectifs assez significatifs en banque d'affaires, gds cabinets droit enseignement recherche, plus faible dans les métiers traditionnels de la finance et du market .

International 1/3 USA UK 8% ☺

PARIS48%☺ ☺

BIG FOUR 1%MK

BCG BQ AFFAIRES 250☺

DROIT 2%☺

Médias com 4%

ENSEIGNEMENT RECHERCHE 5 ,5%

FINANCE COMPTA CONSEIL OPER 14700 28% ☺

VENTE MARKET 9800   20%

NOMBRE SIGNIFICATIF d'anciens dans les grands cabinets et les banques d'affaires OUI ☺

ECOLE J

Beau réseau d'anciens ☺ 44700 ☺débouchés équilibrés avec une faiblesse sur Paris et en FINANCE

International 32% 6% USA UK☺

Paris 25%

ENTREPRENEURIAT 3%

BIG FOUR 580   1,2%

COMPTA FINANCE OPER CONSEIL 11400   26%☺

MARKET VENTE 10800   24%

ENSEIGNEMENT RECHERCHE 3%

MEDIAS COM 6%

NOMBRE SIGNIFICATIF d'anciens dans les grands cabinets et les banques d'affaires : non

ECOLE K

Réseau d'anciens moyen (23600) , peu d'anciens sur Paris , une petite faiblesse en finance et dans les big four, sur représentation d'Airbus parmi les anciens

International 1/3 usa uk 6% ☺

Paris 1/4

ENTREPRENEURIAT 3.5%

BIG FOUR 320   1;5%

COMPTA FINANCE OPERATIONS CONSEILS 6500   27.5%☺

MARKET VENTE 6000   1/4

MEDIA COM   6%

NOMBRE SIGNIFICATIF d'anciens dans les grands cabinets et les banques d'affaires : non

QUELLES SONT CES ECOLES ?

ECOLE A/ ESCP   8 ☺

ECOLE B NEOMA   4☺

ECOLE C EMLYON   4☺

ECOLE D AUDENCIA 4☺

ECOLE E gem 4☺

ECOLE F HEC   8☺

ECOLE G SKEMA 2☺

ECOLE H EDHEC   4☺

ECOLE I ESSEC   8☺

ECOLE J KEDGE   3☺

ECOLE K TBS   2☺

La méthode Linkedin

Le service Formation permettait encore, en 2016, de trouver la réponse à une question simple: Indiquez-nous ce que vous souhaitez faire, et nous vous montrerons les écoles qui ont formé le plus d'étudiants à cette carrière.

.

Pour aller plus loin il faut corriger les chiffres de LINKEDIN. Cette correction a été effectuée à partir du nombre d'anciens présents sur LINKEDIN. Ainsi les chiffres bruts d'AUDENCIA ont été multipliés par deux après correction, ceux de Neoma amputés de 20%

Je me suis pris à ce petit jeu et l'origine des cadres français réserve quelques surprises

FINANCE GENERAL/COMPTABILITE/MATHS

FIN/BANQUE/GESTION

1Dauphine

2sorbonne

3NEOMA

4EDHEC

5 KEDGE

6 INSEEC

7 EM LYON

8 SKEMA

9 SCIENCES PO

10 AUDENCIA

Après prise en compte des effectifs de chaque école :

1 AUDENCIA

2 NEOMA

3 EM LYON

4 EDHEC

5KEDGE

6 SKEMA

7 INSEEC

8 GEM

FINANCE/   AUDIT   CONSEIL   en   management
EY/DELOITTE/KPMG/PWC/MAZARS….

Les écoles pour cet objectif de carrière,

1/DAUPHINE

2NEOMA

3 KEDGE

4 EDHEC

5 AUDENCIA

6 SORBONNE

7 EM LYON

8 SKEMA

9/GRENOBLE

10TOULOUSE

Après prise en compte des effectifs de chaque école :

1 AUDENCIA

2NEOMA

3EM LYON

4 EDHEC

5KEDGE

6TOULOUSE

7GRENOBLE

8 SKEMA

FINANCE/ SECTEUR BANCAIRE/ SOGE/CREDIT AGRICOLE/AXA….

1DAUPHINE

2SORBONNE

3NEOMA

4INSEEC

5 ASSAS

6 EM LYON

7 EDHEC

8 SCIENCES PO

9 NANTERRE

10 KEDGE

Après prise en compte des effectifs de chaque école :

1 AUDENCIA

2 EM LYON

3 EDHEC

4 NEOMA

5 SKEMA

6 Toulouse

7 INSEEC

8 KEDGE

MARKETING L'OREAL LA POSTE ORANGE SNCF CHANNEL…

1DAUPHINE

2NEOMA

3INSEEC

4 LYON

5KEDGE

6EDHEC

7 SORBONNE

8SCIENCES PO

9 SKEMA

10 CNAM

Après prise en compte des effectifs de chaque école :

1 Audencia

2Neoma

3 EMlyon

4EDHEC

5 Grenoble

6Toulouse

7Skema

8 kedge

COMMERCE INTERNATIONAL /AIRBUS/L OREAL/RENAULT...

1 SORBONNE

2DAUPHINE

3KEDGE

4SCIENCES PO

5 ASSAS

6NEOMA

7 INSEEC

8/NANTERRE

9/ TOULOUSE

10/ SKEMA

Dans quelles institutions recrutent les entreprises préférées des étudiants ?

http://www.letudiant.fr/jobsstages/nos-conseils/exclusif-palmares-trendence-2015-des-entreprises-preferees-des-etudiants.html

https://www.linkedin.com/edu/university-finder?facets=CC.1662,CC.1073,CC.2734,CC.162993,CC.165145,CC.4242,CC.1818,CC.164788,CC.1441,CC.1038,CC.1508,CC.162479,CC.2525300,CC.1044,CC.3055,CC.459007,CC.2999687,CC.2528,CC.2238,CC.1809,G.fr:0&trk=nav_responsive_sub_nav_edu_school_finder

Les entreprises préférées des étudiants sont les suivantes selon le sondage TRENDANCE d'avril 2015

1   LVMH

2   L'Oréal

3   Google

4   EY (Ernst & Young)

5   BNP Paribas

6   KPMG

7   Danone

7   Commission européenne/EU Careers

9   Canal+

9   Deloitte

11   Apple

12	Air France
12	Nestlé
14	Chanel
15	Total
16	Ubisoft
17	Airbus Group
18	Accor
18	Hermès
18	PwC (Pricewaterhouse Coopers)

Classement brut à partir du nombre d'anciens présents dans ces entreprises

1 Dauphine

2 Sorbonne

3 escp

4Hec

5 essec

6Neoma

7 Kedge

8 Sc po

9 CNAM

10 Edhec

CLASSEMENT APRES correction en fonction du nombre d'inscrits sur Linkedin

1ESCP

2ESSEC

3HEC

4 AUDENCIA

5 NEOMA

6 EDHEC

7EM LYON

8 GRENOBLE

9TOULOUSE

10 SKEMA

La puissance du réseau, la capacité à le mobiliser constituent un élément clef du choix. Toutes ces données conduisent à souligner l'intérêt des écoles qui ont les meilleurs réseaux et il est relativement facile de les identifier. Pour une fois l'Etudiant indique clairement cette donnée objective mais une barre astucieusement placée évite de donner à Néoma et Kedge une très bonne place.

Le premier groupe d'école comprend   HEC, ESSEC ,ESCP , mais également EDHEC, EM et NEOMA .

Un deuxième groupe comprend Kedge, Audencia Skema TBS et Grenoble.

Un petit tour sur Linkedin représente un autre avantage résumé par ZEIL le merveilleux auteur de la bd « Sup de Cons » :

 « Il y a en effet des éléments qui permettent de juger si l'on a affaire à une simple «sup de cons», ou à une vraie «sup de co». Parmi ceux-ci: allez faire un tour sur LinkedIn. Si vous trouvez des profils d'étudiants sortis avec un diplôme «Grande École» et qui sont encore chefs de rayon chez Décathlon deux ans après leur fin d'études, c'est mauvais signe… »

Chapitre 12

Fernand Braudel fut le premier à décrire l'apparition des grandes villes de l'économie-monde de la Méditerranée du XIIe siècle. Olivier Dollfuss proposa en 1996 la première théorisation rigoureuse de l'AMM, l'archipel mondial constitué de "l'ensemble des villes qui contribuent à la direction du monde". Symboliques des processus de globalisation, elles favorisent la synergie entre les diverses formes du tertiaire supérieur et du "quaternaire" (recherche, innovation, activités de direction). Ces espaces urbains fonctionnent en système, d'où l'image d'un archipel constitué d'"îles" qui concentrent entre elles l'essentiel du trafic aérien et des flux de télécommunication : 90 % des opérations financières s'y décident et 80 % des connaissances scientifiques s'y élaborent. Olivier Dollfuss en identifie une demi-douzaine. Londres, New-York, Tokyo, Hong-Kong, Paris, Séoul...

« Paris jouit d'une excellente réputation auprès des investisseurs de toutes les régions du monde, en 4e place à l'échelle mondiale. L'origine des investisseurs est de plus en plus diversifiée. (...)

Paris dispose d'un environnement politique stable, d'infrastructures et de réseaux de communication de premier ordre, de prestations sociales remarquables et d'un excellent système d'éducation. (...)

Paris se démarque comme l'une des économies les plus diversifiées. »

Global Cities Investment Monitor 2013, KPMG

Grâce à ses incontestables atouts économiques et sa position géographique, Paris se classe première métropole européenne en matière d'implantation de sièges sociaux. 33 des 500 quartiers généraux des plus grandes compagnies mondiales sont concentrés sur le territoire.

Selon une étude du cabinet PwC, Paris se classe au 1er rang mondial pour la qualité de vie et propose l'une des scènes culturelles et artistiques les plus dynamiques de la planète.

La ville de Paris a été une nouvelle fois désignée 1ère du classement annuel QS des meilleures villes étudiantes en 2013, comparatif des métropoles où il fait bon être étudiant, qui se base sur des critères tels que : les frais d'inscription, la qualité de vie, la population étudiante, le niveau des universités et la reconnaissance professionnelle par les employeurs

La région Ile de France regroupe 27% des emplois avec 14% de cadres soit trois fois plus que la moyenne de province. Les fonctions dites " métropolitaines " recouvrent les emplois de la culture et des loisirs, de la gestion (cadres administratifs des entreprises, banquiers, assureurs...), de la recherche et de la conception, des " prestations intellectuelles " (ingénieurs-conseils, avocats...) et du commerce interentreprises. Les cadres de ces fonctions étaient 2,3 millions en France selon le recensement de 2006, soit à peu près un emploi sur dix, dont **la moitié dans l'agglomération parisienne.**

Certes huit cadres parisiens sur dix envisagent de quitter la capitale dans un avenir proche, selon une étude de Cadremploi. Lassés des transports, ils rêvent notamment de partir à Bordeaux, Nantes ou Lyon.

L'avantage des écoles parisiennes : elles sont à Paris ou pas très loin des gisements d'emplois (cdi, apprentissage, stage).

L'évidence s'est imposée pour les formations post graduate et les MBA, comment exister hors de Paris. En dehors des trois parisiennes les grandes provinciales ont installé un campus à Paris.

EDHEC : Entre Bourse et Opéra, le quartier historique des affaires de la Ville Lumière, le campus, d'une surface de 1500 m2, accueille des formations en interaction permanente avec les entreprises, pour étudiants, cadres et dirigeants.

NEOMA : Dédié aux activités de formations dites « Executive Education » (formation continue), le campus parisien intramuros de NEOMA Business School est situé au cœur de la capitale, dans le 9e arrondissement sur plus de 1 500m2.L'école vient d'ouvrir un espace « incubateur » sur Paris.

KEDGE BS dispose désormais d'un nouvel espace de 900 m2, au cœur de Paris

TBS depuis 2012, TBS est implantée à Paris.

SKEMA Le Campus Paris-La Défense se situe dans les locaux ultramodernes du pôle Léonard de Vinci au cœur du quartier de la Défense.

L'école a un nouveau campus dont les locaux offrent une surface de près de 700m².

AUDENCIA Gem partage avec l'EM Normandie (2 000 m2 sur deux niveaux).

Em lyon business school *dernière arrivée vient d'implanter un campus de dernière génération.*

 Toutes avouent l'importance de Paris mais le programme Grande Ecole et l'immense majorité des formations sont toujours installées en province. Le Tgv a révolutionné la situation des écoles : se rendre à Paris depuis Reims, Lille prend moins de temps que depuis la banlieue.

La proximité de Paris pour un étudiant est essentielle pour se rendre à un rendez-vous. Est-il possible de le faire dans la demi-journée ?

Oui pour ESCP, ESSEC, REIMS, Rouen

Il faudra la journée pour LILLE, Nantes, Lyon, RENNES. Ce sera difficile pour Grenoble, Bordeaux MARSEILLE

Il faudra prendre l'avion pour Nice et Toulouse.

La proximité est essentielle pour les formules classique d'alternance de type trois jours en entreprise et deux jours en école. Un étudiant peut résider à Paris et passer une nuit dans la ville de son école ; C' est facile si l'école est une parisienne, Reims et Rouen . C'est encore possible pour Lille. Plus loin seules les alternances du type 3 mois/un mois sont possibles.

Temps voyage en voiture des campus hors Paris à la Défense

JOUY	OH 31
CERGY	0H38
ROUEN	1H 26
REIMS	1H57
LILLE	2H 36

Durée voyage train jusqu'à Paris puis de la gare à la Défense

Escp		**0h30**
Cergy		**0h38**----------------------
--		
Jouy		**1h**
Reims	**0h46**	**1h30**
Rouen	**1h10**	**1h40**
Lille	**1h 02**	**1h50**
--		
LYON	**1H57**	**2H40**
Rennes	**2h10**	**3h**
Nantes	**2h15**	**3h**
Grenoble	**3h**	**3h 50**

Bordeaux 3h11	**4h**
Marseille 3h20	**4h10**
Toulouse 5h 27	**6h10**
Nice 5h 45	**6h30**

CHAPITRE 13

La vérité sur les salaires

Nous ne pouvons trouver de sources totalement fiables car le ministère ne demande pas de réponses aux écoles via la cefdg.

Nous serons donc obligé de recouper les sources .

Les parisiennes mais également Lyon et l'Edhec se détachent des autres . L'Edhec ferait même mieux que Lyon au pris sans doute d'un pourcentage d'étudiants en cdi plus faible .

Neuf jeunes « Bac + 5 et plus » sur dix, diplômés en 2015, sont en poste deux ans après la fin de leur cursus. CDI, statut cadre, rémunération, leurs conditions d'emploi se sont améliorées par rapport à la promotion 2014.

Une grande majorité de contrats à durée indéterminée

Les trois quarts des diplômé·e·s de la promotion 2015 en emploi au moment de l'enquête sont en CDI (ou titulaires dans la fonction publique). Cette part est en hausse par rapport à la promotion 2014, au détriment des CDD (ou contractuels dans la fonction publique). À noter que les jeunes occupant toujours leur premier emploi sont plus nombreux en proportion à bénéficier d'un contrat pérenne.

Le taux de cadres demeure stable

La répartition des jeunes diplômés selon leur statut est stable : près de 7 sur 10 en emploi salarié au moment de l'enquête, bénéficient du statut de cadre. Et la grande majorité d'entre eux l'a obtenu dès l'embauche (93 %).

La promotion 2015 est mieux rémunérée que la promotion 2014

La rémunération (fixe + variable) des jeunes de la promotion 2015 est en très légère hausse par rapport à celle de la promotion 2014. La rémunération brute annuelle médiane s'élève ainsi à 31 170 €, contre 30 900 € pour la promotion 2014. Notons que 14 % déclarent percevoir une rémunération brute annuelle de plus de 40 000 €. Enfin, 43 % affirment avoir vu leur rémunération augmenter depuis leur entrée en fonction

Les vrais déterminants des salaires ne sont pas les écoles mais le secteur d'activité

Les diplômés travaillant dans la finance gagneront globalement plus que ceux qui choisissent un autre secteur d'activité (même si les commerciaux purs progressent).

Le guide des salaires met en évidence ces différences après enquête chez les recruteurs.

http://www.guide-des-salaires.com/

Ingénieur commercial : 31 920 euros

Ingénieur technico-commercial : 27 670 € (- 6 % par rapport à 2014)

Acheteur : 35 260 € (+ 9 %)

Responsable recrutement : 30 310 €

Analyste programmeur / Développeur : 30 630 € (+ 3 %)

Ingénieur réseau : 33 930 € (+ 3 %)

Ingénieur d'études : 36 400 €

Ingénieur système : 37 870 (- 2 %)

Administrateur de bases de données : 32 810 € (+ 21 %)

Chef de produits marketing : 36 230 € (+ 8 %)

Contrôleur de gestion : 34 500 € (+ 4 %)

Chargé de communication : 27 740 €

Juriste d'entreprise : 35 550 €

Travailler à l'étranger et en finance à l'étranger constituent un plus.

Le site emolument.com nous donne une idée de la représentation que se font les recruteurs des diplômés français employés. L'enquête porte sur plus de 10 000 anciens. Ils occupent des fonctions différentes mais le site indique le bonus qu'apporte le diplôme d'une école.

Même observation, les secteurs d'activité rémunèrent inégalement.

En marketing, un junior obtient 36000$ avec un niveau d'entrée à 30000.Dans la vente un junior manager obtient en moyenne 40000$ (avec un niveau d'entrée à32000£), Dans la RH ce sera 32000$ pour le junior manager et un niveau d'entrée à 29000.En IT sera 44000 pour le junior. Un comptable serait à 44 000$.

En contrôle et conformité le junior manager peut espérer 50000$ avec une entrée à 37000. En stratégie, le junior peut espérer 52000$mais 61000 chez MCKINSEY.

Ainsi après deux ans d'expérience les écarts de rémunération sont considérables en fonction du secteur d'activité.

Tout cela n'est rien si l'on intègre dans la comparaison la finance sélective (plus de 100000 $) et les avocats et juristes d'affaire (77000).

Nous l'avons vu certaines écoles apportent un plus pour accéder à certaines fonctions rémunératrice, à la condition d'avoir suivi le bon cursus.

Pour la finance sélective Emolument établit une liste sans appel, HEC n'arrive qu'en 9eme position derrière. Nous trouvons ensuite pour la France et dans l'ordre : Dauphine, Escp, Essec INSEAD .

En prenant en compte les primes et les avantages divers, ils gagnent en moyenne :

33 800 euros bruts annuels en Province

39 100 euros bruts annuels en Île-de-France

Les femmes sont nettement moins bien servies que les hommes : elles gagnent 31 700 euros contre 35 900 euros pour ces messieurs en Province. En Île-de-France, la différence se creuse : elles touchent 36 800 euros par an lorsque leurs homologues masculins empochent 41 200 euros.

Surpris par les classements de la presse qui donne des jeunes diplômés de Strasbourg ou de Kedge mieux rémunérés que ce que nous savions pour des Hec ou des Essec , nous avons mené notre propre enquête

D'une école à l'autre les écarts existent mais ils sont plus resserrés qu'on ne le croit à partir du moment où l'on interroge les recruteurs.

Enquête ensai l'ETUDIANT
Source fiable mais le deuxième groupe est trop large

Salaire à l'été 2017 brut hors primes des diplômés 2016. Sondage effectué durant l'été 2017 par l'ENSAI junior Consultant

SALAIRES MOYENS BRUT HORS PRIMES

ESSEC,   HEC Paris   PLUS DE 45000 EUROS

____

—

ESCP   Audencia   ENTRE 38 ET45000

EDHEC   emlyon BS

____

____

Télécom Grenoble EM   IESEG, NEOMA BS,   ENTRE   35   ET 38000

Rennes School Toulouse Business School__

____

____

SKEMA STRASBOURG ICN ESsca   entre 30 et 35000

____

____

BURGUNDI MONTPELLIER   moins de 30000

Les salaires à la sortie en dollars selon le Financial times Enquete

Il n'y a pas d'informations pour le programme grande école de Grenoble et Audencia qui ont préféré fournir au FT des informations portant sur un autre programme. Skema a oublié la moitié de ses effectifs dans les informations fournies.

HEC Masters in Management (MiM)   100,696

Essec Business School   90,106

ESCP Europe Master in Management   78,332

Edhec Business School   69,675

EMLyon Business School   66,844

Neoma Business School France 58,828

Télécom Business School   55,596

ESC Rennes   54,364

Iéseg School of Management   54,522

Kedge Business School   54,249

ICN Business School   52,947

Essca School of Management   France Essca Master in
Management 53,916

Montpellier Business School   France Master   in
Management 50,115

EM Normandie France EM   Normandie   Master in
Management 50,310

EM Strasbourg Business School   France MSc   in
Management 49,440

Burgundy School of Business   France 48,081

LES SALAIRES DES JEUNES DIPLOMES SELON LE CABINET RH AON HEWITT PUBLICATION

http://www.letudiant.fr/etudes/futur-salaire/comparaison-de-formations.html

Formation Salaire débutant * Salaire expérimenté **

Audencia Nantes 35 937 € 41 545 €

Kedge – Bordeaux 33 726 € 37 251 €

EDHEC 38 043 € 42 376 €

EMLyon 39 432 € 43 556 €

ESC Grenoble 38 36 253 € 40 857 €

ESC Montpellier 32 834 € 37 465 €

ESC Rennes 30 202 € 39 140 €

ESC Toulouse 33 849 € 40 761 €

ESCP Europe 41 331 € 43 380 €

ESSEC Cergy 40 433 € 46 066 €

HEC Jouy-en-Josas 40 085 € 47 096 €

Neoma – Rouen 36 179 € 41 923 €

SKEMA 33 186 € 38 092 €

IESEG 33 524 € 37 251 €

* Salaire de base brut annuel moyen avec une expérience inférieure à 12 mois

** Salaire de base brut annuel moyen avec une expérience comprise entre 25 et 36 mois

Le cabinet AON HEWITT est spécialisé dans ce type d'enquête . Certes l'étude a été réalisée il y a deux ans mais rien n'indique qu'une révolution se soit produite en la matière. Nous retrouvons les indications du cabinet britannique

Premier salaire supérieur à 40000 euros

HEC ESSEC Escp

Premier salaire compris entre 35000 et 40000 euros

Lyon, Edhec, Grenoble, Audencia, Neoma

Premier salaire compris entre 30 et 35000 euros

Skema Kedge…

Nous aurions donc une notoriété de HEC et ESSEC assurant un bonus salarial de 10 à 20% sur un deuxième groupe composé des grandes provinciales. Escp et Em Lyon se trouve en situation intermédiaire. Surprise, le "Neoma bashing" des classements de la presse française est totalement injustifié pour ce qui est des salaires. L'école fait toujours aussi bien que Grenoble, Audencia et Toulouse et elle surclasse Skema.

Cette dernière comme Kedge appartiennent comme la majorité des autres à un troisième groupe avec des rémunérations de 10% inférieures

Le classement Aon a le défaut de ne prendre en compte que les diplômés travaillant en France, il doit être complété. C'est ce que nous permet, toujours auprès des entreprises, emolument. com

https://www.emolument.com/

Les formations trois étoiles

On trouve, à l'étranger, dans cette catégorie :

Cambridge University & Judge Business School

City University London & Cass Business School

Université Brunel & Business School

Université d'Edimbourg & Business School

King College de Londres

LBS

LES

Columbia University Business School

 L'Université de Cornell

Michigan State University

Université de Pennsylvanie et Wharton

Le salaire moyen d'un Hec serait de 87000$ avec un bonus de 11000$ lié au diplôme . Les secteurs privilégiés par les anciens sont :

o   La direction et l'executive management   122000$

o   Les services financiers   106000

o   It 95000

o   Stratégie 90000

 Le salaire moyen pour les anciens élèves de l'Ecole Polytechnique et diplômés est de 78.000 $. Le bonus pour Ecole Polytechnique est de 11.000 $.

Services financiers 122,000 $

Executive Management & Change 106,000 $

Sales & Business Development$ 85,000

La gestion du programme et du projet $ 82,000

Contrôle et Stratégie Finance $ 81,000

Le salaire moyen d'un ESCP Europe est de 68.000 $ avec un bonus de 8900$ lié au diplôme. Les secteurs privilégiés par les anciens sont :

Services financiers 98,000 $

Exécutive Management & Change 91,000 $

IT & développement $ 74,000

Contrôle et Stratégie Finance $ 64,000

Le salaire moyen pour l'Ecole Centrale de Paris anciens et diplômés est de 66.000 $. Le bonus pour l'Ecole Centrale Paris est de 5300 $.

Services financiers 103,000 $

Executive Management & Change 89,000 $

Contrôle et Stratégie Finance $ 64,000

Le salaire moyen pour l'Ecole des Ponts ParisTech alumni et diplômés est de 66.000 $ .Le bonus pour l'Ecole des Ponts ParisTech est de 8000 $.

Services financiers $ 108,000

Executive Management & Change 106,000 $

 Consulting Services, comptables et professionnels $ 66,000

Le salaire moyen d'un ESSEC serait de 64000$ avec un bonus de 6200$ lié au diplôme. Les secteurs privilégiés par les anciens sont :

o   La direction et l'executive management   121000$

o   AVOCATS ET JURISTES 82000$

o   Les services financiers   80000

o   It   72000

o   Stratégie 640000

  Le salaire moyen pour les anciens et diplômés de l'Université Paris Dauphine est de 60,000 $.Le bonus pour l'Université Paris Dauphine est de 5300 $.

Executive Management & Chang 89,000 $

Médias, Communication & Publicité 87,000 $

Services financiers 77,000 $

Fonctions Supports et traduction 73,000 $

Le salaire moyen pour EM Lyon 58.000 $ .Le bonus pour EM Lyon est de 4300 $.. Les secteurs privilégiés par les anciens sont :

Services financiers $ 85,000

Executive Management & Change $ 82,000

IT & développement 79,000 $

Contrôle et Stratégie Finance 71,000 $

Le salaire moyen pour les anciens et les diplômés de l'EDHEC Business School est de 58.000.Le bonus pour EDHEC Business School est de 5300 $.

Conformité, AML, KYC & Monitoring 96,000 $

Executive Management & Change 89,000 $

Services financiers $ 74,000

Contrôle et Stratégie Finance 59,000 $

Sales & Business Development $ 53,000

Legal & Paralegal 49,000 $

Le salaire moyen pour les anciens et les diplômés Neoma Business School (+les anciens de Reims) est de 51.000 $.Le bonus pour Neoma Business School est de 3.500 $.

Services financiers $ 80.000

Executive Management & Change $ 67,000

IT & développement $ 66,000

Contrôle et Stratégie Finance $ 53,000

Le salaire moyen pour les anciens et les diplômés de l'Université Panthéon-Sorbonne est de 53.000 $.Le bonus pour Panthéon-Sorbonne est de 3000 $.

Services financiers $ 66,000

Legal & Paralegal $ 64,000

Ressources humaines 55,000 $

Le salaire moyen pour Audencia Nantes Ecole des anciens et diplômés de gestion est de 50.000 $. Le bonus pour Audencia Nantes Ecole de Management est de 3.200 $.

Services financiers 69,000 $

Ressources humaines 50 000 $

Contrôle et Stratégie Finance 48,000 $

Sales & Business Development $ 47,000

Le salaire moyen pour ESC Grenoble anciens et diplômés est de 48.000 $ par prime moyenne année.Le pour ESC Grenoble est de 1600 $.

Services financiers $ 85,000

 La gestion du programme et du projet $ 80.000

Contrôle et Stratégie Finance$ 56,000

Sales & Business Development 49,000 $

Le salaire moyen pour les anciens et les diplômés SKEMA Business School est de 47.000 $.Le bonus pour Skema Business School est de 2.100 $.

Services financiers 62,000 $

Logistics, Operations & Achats 48,000 $

Executive Management & Change $ 46,000

Le salaire moyen pour les anciens et les diplômés Kedge Business School est de 45.000 $.Le bonus pour Kedge Business School est de 1600 $.

Executive Management & Change$ 54,000

Logistics, Operations & Achats $ 53,000

IT & développement 51,000 $

Consulting Services, comptables et professionnels $ 46,000

Les écarts en termes de bonus sont plus importants que ce que n'indiquaient les classements français avec cette fois un vrai gap en faveur des diplômés des parisiennes acceptant de s'expatrier.

La réalité des salaires ne se traduit pas dans les classements publiés dans la presse. Tous pêchent par excès d'optimisme et un écart de 10% est relevé au minimum pour toutes les écoles. L'écart sera plus important pour bien des écoles qui « progressent » dans lesdits classements.

Chapitre 14

La vie n'est plus un long fleuve tranquille

Les recruteurs, des croyants non pratiquants

« Sun », « sex », campus américain, beuveries et fêtes, et si le cliché ne correspondait plus à la réalité des étudiants ?

Le rendement social du diplôme est de plus en plus faible et les difficultés s'accumulent pour une jeunesse méritante qui travaille beaucoup. Ceux qui s'endettent sont de plus en plus nombreux et se retrouvent sur le marché du travail avec 50 000 euros à rembourser. Un marché du travail bien différent de ce que présente le marketing ambiant.

Il ne suffit pas d'avoir les « soft kill », les qualités naturelles et le diplôme d'une école bien classée par le Figaro. Il arrive que les RH l'écrivent mais ne vous trompez pas. Vous aurez aussi besoin de stages, d'expériences, de connaissances dures, de culture et d'un réseau.

Le témoignage de cet ancien étudiant, cadre en entreprise depuis 20 ans est riche d'enseignement pour les jeunes diplômés. Dans un article de mon blog je me faisais l'écho d'un décalage existant entre les recruteurs et les candidats. Les premiers accorderaient une place importante à la personnalité et aux valeurs du candidat. Les seconds demeurent persuadés que pour être embauché un beau CV avec des expériences riche ferait la différence.

Dans la réalité, les compétences, le savoir, sont une condition première mais pas suffisante, à compétences équivalentes la personnalité fait la différence. Notre ancien rappelle que les recruteurs « marquètent » les bons candidats, il propose sans langue de bois de décrypter les valeurs proclamées...

« Concernant les qualités humaines (« soft skills ») et les valeurs affichées ou recherchées par les entreprises, il ne faut jamais perdre de vue la part de communication que cachent ces notions.

Cela me fait penser aux annonces immobilières où il faut lire entre les lignes (« logement coquet » = petit ; « appartement atypique » = plan alambiqué ; « au calme » = comprendre isolé).

Ainsi, quand une entreprise dit privilégier la « positivité », pour reprendre la terminologie de l'article cité, il faut s'attendre à voir valorisé ce que j'appelle « l'esprit bisounours », comprendre une joviale servilité.

Pour « l'esprit d'équipe » si souvent proclamé comme valeur phare, cela peut cacher une réalité faite de concurrence exacerbée et de coups d'autant plus bas que la façade est bienveillante.

__Attention donc aux déconvenues sur les prêches des recruteurs : ceux-ci sont parfois croyants non pratiquants…__

L'écart entre le discours et la réalité peut se révéler très déroutant, même si les valeurs sont parfois portées de bonne foi.

Il faut donc appréhender cet aspect avec un certain recul et sans idéalisme, et comprendre que les entreprises « marketent » de cette manière leur image auprès des diplômés.

Cela m'amène à un autre conseil corrélé : si les valeurs proclamées peuvent se révéler volatiles une fois entré dans l'entreprise, il est en revanche des codes et usages sectoriels assez forts.

Ainsi, pour un secteur d'activité donné (industrie pharma. BTP, automobile, conseil, aéronautique, luxe etc.), on va retrouver des profils types, des aspects comportementaux ou culturels, constituant un dénominateur commun au secteur.

On comprend sans peine que la façon d'appréhender le management chez Bouygues, Valeo ou LVMH ne sera pas tout à fait semblable : les éléments de langage sont différents (sans tomber dans le cliché, il demeure vrai que dans un groupe de luxe, on ne parle pas d'entité ou de filiale, mais de Maison, que les chaussures y deviennent des souliers, tandis que dans le bâtiment les rapports peuvent être rudes, directs, et volontiers machos).

Ma première recommandation, lorsque l'on s'intéresse à une entreprise en particulier, est donc d'identifier ce que peuvent être ces codes et à s'en imprégner pour éviter les faux pas.

Si l'on est carré, précis et que l'on apprécie les univers très structurés, il sera décourageant de s'essayer au marketing dans le luxe. C'est un peu enfoncer une porte ouverte, mais on n'y pense pas forcément quand on est en quête de son premier emploi. La grande recommandation que je formulerais aux jeunes diplômés, toutes filières confondues, est d'accumuler de l'expérience en entreprise (stages, apprentissage, alternance, stages à l'étranger) quitte à tâtonner un peu pour choisir sa voie. Il faut utiliser à fond toutes les opportunités d'immersion et pas seulement au sein des multinationales et du CAC40 : il y a dans les PME et ETI de belles opportunités de stages avec des responsabilités importantes et très formatrices.

Bref, il faut se montrer humble, travailleur, avec l'envie d'apprendre, sans se laisser polluer par le bavardage ambiant et les campagnes marketing de la plupart des grands groupes. »

Au-delà de ce témoignage je me pose toujours des questions sur le processus de recrutement et je vous les pose :

La qualité du recrutement n'est pas la qualité d'un CV ou d'un candidat...un bon candidat peut très bien être un mauvais salarié. Donc ce que l'on doit chercher à mesurer c'est bien la performance dans le temps des nouveaux embauchés pour savoir si le recrutement est de qualité.

La formalisation extrême du processus de recrutement ne conduit elle pas à l'uniformisation des profils et aux triomphes des stéréotypes. Que penser de l'omniprésence des mêmes modèles La personnalité est l'expression de la manière dont un individu agit et interagit avec autrui. Elle se définit aux moyens de traits de personnalité, des caractéristiques constantes et stables du comportement de chacun. Le modèle de la personnalité en cinq facteurs, le Big Five, permet cette description résumée de la personnalité. Ainsi, cinq dimensions fondamentales englobent la majeure partie des variations de la personnalité de l'individu : l'extraversion, l'amabilité, l'application, la stabilité émotionnelle et l'ouverture à l'expérience.

Le meilleur moyen de recruter de bons candidats qui ne seront pas obligatoirement ... de bons collaborateurs.

Pire pour se protéger des asymétries d'information le recruteur se persuade qu'un diplôme ou un niveau d'école lui permettra de bien recruter. A la condition que le niveau de l'école soit pertinent sinon il y aura sélection adverse ...Beaucoup estiment que les opérationnels sont les meilleurs recruteurs ?

Un de mes anciens étudiants explore le processus de recrutement :

« D'abord quelques mots pour vous donner des éléments de contexte: je suis entré sur le marché du travail en 1999 après avoir fait l'EDHEC, et être passé par Grandchamp en 1995 en voie Eco. Je dispose donc d'une

expérience de +/- 16 ans dans les métiers de la finance d'entreprise (contrôle financier, contrôle de gestion, industrie, luxe). Cette fonction, qui est un véritable poste d'observation des organisations, m'a mis en relation avec toutes les fonctions de l'entreprise.

Je peux donc tirer quelques conclusions sur le statut accordé aux diplômés d'horizons très divers, tant sur le plan individuel avec mon propre parcours, que par l'observation que j'ai pu faire des organisations, des recrutements et de mes collègues.

Je distingue 3 temps : le temps des hiérarchies intangibles, le temps de la confusion, le temps de l'opportunisme.

I – Le temps des hiérarchies intangibles :

A mon arrivée sur le marché, il y avait une hiérarchie auprès des recruteurs qui était celle de l'attractivité des écoles aux concours d'entrée : HEC, ESSEC, ESCP, EM Lyon, EDHEC etc.

Cette hiérarchie admise par tous depuis quelques lustres était celle dont Papa, HEC 74, me rebattait les oreilles durant toute ma prépa ☺

J'ai décroché deux offres d'emploi (l'une à l'issue de mon stage chez Saint-Gobain, l'autre suite à une candidature spontanée chez L'Oréal). Dans les 2 cas, il y avait une grille (j'en ai même vue une de mes yeux chez St Gobain) qui tenait essentiellement compte du diplôme et qui plaçait les rémunérations dans une très étroite fourchette sur laquelle peu de paramètres pouvaient influer en dehors du diplôme.

Insatisfait de l'offre qui m'était faite chez Saint-Gobain -après avoir essayé vainement de « monnayer » mes 6 mois de stage réussis au siège, puis mes 2 mois aux Etats-Unis dans une filiale- je décidais de faire jouer la concurrence et de me servir de mon expérience acquise notamment à l'étranger pour faire monter les enchères. Résultat :

Saint Gobain 195 000 FRF bruts annuels (nous étions en francs, snif...) // L'Oréal 205 000 FRF bruts annuels Soit un écart de 10 000 FRF (1500€ bruts annuels) ce qui est relativement faible.

Conclusion : en dehors d'un CSNE de l'époque, rien ne pouvait nous sortir des grilles de salaire établies par les grands groupes.

Parallèlement, le top 5 des écoles de commerce représentait un sésame facilitant l'accès aux plus belles boîtes, le top 15 (en ajoutant les écoles Ecricome de l'époque plus ESC Toulouse, Nantes et Grenoble) pouvait à la rigueur offrir une place au soleil. En dessous, les contingents de diplômés des ESC de provinces remplissaient les rayons des grandes surfaces, les « forces de vente » & commerciaux de terrain, et les guichets de banque, avec souvent des jobs moins gratifiants. Il valait alors beaucoup mieux être issu de Dauphine que de l'ESC Lille...

Même après 2/3 ans d'expérience, cette hiérarchie était assez suivie.

Seules exceptions, les « high flyers » (les hauts potentiels), jeunes étoiles naissantes souvent cooptées, et identifiées dans les toutes meilleures filières (HEC, ESSEC, X, Centrale), avec souvent un savoir faire très spécifique (trading, merger & acquisition, conseil en stratégie type McKinsey) pouvaient atteindre des sommets dès le départ (>300 000FRF).

II – Le temps de la confusion et des petits experts :

Passage à l'euro, bug de l'an 2000, changements de normes comptables internationales (IASC, IFRS, USGAAP), scandales Enron & Worldcom avec multiplication des normes & règles prudentielles (Sarbanes Oxley, Bâle I, II & III), et deux tours par terre plus tard, les nouveaux besoins en main d'œuvre ont quelque peu rebattus les cartes des diplômes.

Tendances lourdes : le besoin en polyvalence et en hauteur de vue a reculé, et le temps des experts de court terme vite recrutés pour fournir de la chair à canon aux SSII et aux entreprises débordées est arrivé.

Dans ce cadre, à mon sens, c'est le cortège de règles prudentielles qui a métamorphosé le plus le marché du travail.

Je retiens notamment la loi Sarbanes-Oxley (SOX) adoptée au Congrès US en 2002, et qui fait suite aux scandales MCI WorldCom et Enron (et à sa suite Arthur Andersen).

Elle a transformée les entreprises cotées de manière extrêmement profonde, et pas seulement les métiers de la finance et du contrôle interne.

Je cite wikipédia pour illustrer la variété des sujets couverts par les règles SOX :

« Les systèmes d'information doivent également se transformer notamment à cause des sections 409 « Real Time Issuer Disclosure » et 404 « Management Assessment of Internal Controls ».La section 409 oblige, entre autres, les entreprises à être en mesure de clôturer leurs comptes le plus rapidement possible (deux jours).La section 404 est, quant à elle, beaucoup plus contraignante. Celle-ci impose aux entreprises de mettre en place des contrôles internes dont l'efficacité devra être démontrée.

En outre, ces contrôles portent sur :

La gestion des mots de passe : niveau de sécurité, changement à intervalle régulier ;

Le réseau informatique : vérification de l'authentification des accès, protection du réseau par deux pare-feux, contrôle des accès à internet et bon usage d'internet, révocation des accès en cas de départ de l'employé ;

La gestion des antivirus : analyse virale, contrôle des mises à jour

La sécurité des ERP : contrôle des accès, longs mots de passe, restriction de l'accès des données aux utilisateurs ;Les sauvegardes : régulières, tests de restauration ;La gestion des vulnérabilités ;La protection des bâtiments ;La sécurité physique : mise en place de zones à accès restreints, enregistrement des visiteurs. »

Cette petite digression pour démontrer que la première des conséquences fut un besoin en ressources rapidement disponibles (donc rapidement formées) : n'importe quel diplômé -IAE, Master Science Eco, Sup de co de province, petites écoles après bac- pouvait se former rapidement (notamment pendant leurs stages) aux outils les plus utilisés du moment : outils budgétaires, de reporting, de gestion de bases de données, SI, démarches de contrôle interne, outils RH/GPEC, etc.

Cette main d'œuvre bon marché a alimenté les gros cabinets de conseil qui ont prospéré comme jamais avec l'explosion des contraintes réglementaires et normatives : conduite du changement, business intelligence, intégration de SI... Les gros comme les petits ont profité de la manne : Bearing Point, Accenture, Ernst & Young, Kurt Salmon et la nébuleuse des plus petits cabinets (comme par exemple, Sia Partners, success story née en 1999 dont la croissance a été fulgurante sur la période 2000-2015).

Le savoir-faire délivré par les plus brillantes écoles généralistes devint alors un luxe désuet dans le tumulte et le « court-termisme » ambiant.

On a brutalement (période 2001 à 2003) troqué les managers pour les experts en tout et n'importe quoi.

Dans ce contexte, pourquoi payer le prix d'un diplômé du top 5 lorsque deux barils d'ESLSCA ou d'ISG bien formé sur SQL et à la gestion de projet peuvent rendre le même service.

Parallèlement, la peur de ne pas être conforme à ces normes de reporting et de contrôle interne se saisit de toute la pyramide managériale, et transforme les attentes exprimées envers les cadres & jeunes diplômés.

La volonté de contrôle permanent a pris le pas sur l'entreprise holistique respectueuse de ses équilibres internes : la balance penche vers la finance et l'hyper contrôle.

Du coup, en France, on a troqué les visionnaires intuitifs, les cadres agiles et malins, contre des administrateurs apeurés et peu aptes à la décision, un peu à l'image du personnel politique depuis quelques décennies (Cf vos remarques sur la technocratie).

Il faut croire que cette tendance n'a pas épargné les cadres : ceux qui tiennent docilement les mains, qui courtisent et qui rassurent sont promus ; l'esprit critique, celui-là même qui nous était indispensable à l'élaboration d'une bonne copie de concours en culture générale ou en éco., est suspect, voire combattu. La culture « Powerpoint » (où slogans et bulletpoints tiennent lieu de réflexion) triomphe au cours de la décennie 2000. Pour les cadres, le mot d'ordre : sécuriser mon chef pour assurer ma carrière.

Loin des considérations de valeur de diplôme, c'est donc le courtisan mou mais rassurant qui est valorisé.

Dans l'encadrement intermédiaire, le profil faisant la part trop belle à l'analyse critique est suspect, rebelle, déviant.Le modèle d'organisation des groupes français rappelle celui de l'armée : chaîne de commandement rigidifiée dans laquelle réfléchir, c'est commencer à désobéir…Résultat des courses : chez LVMH en 2006 par exemple, mon premier responsable avait un BTS comptable, et mon « N+2 » avait fait l'Inseec Bordeaux, les deux étant rémunérés entre 20% et 50% au-dessus de mon salaire. Cette même société ne recrutait que des Bac+5 du Top 5 à la fin des années 90…Plus de logique de diplôme, donc, mais des apparatchiks guidés par la peur de perdre un statut inespéré.

III – Le temps de l'opportunisme, et il faut bien l'avouer, du grand n'importe quoi :

A l'heure où un « éléphant » d'appareil politique n'ayant jamais été Ministre peut accéder à la magistrature suprême, la médiocratie fait fleurir ici et là des vocations dans les entreprises où l'on voit des carrières étonnantes, déconcertantes parfois.

Souvent, pour paraphraser vos exemples récurrents sur le bimétallisme, les mauvais cadres chassent les bons dans de nombreux grands groupes.

Et très franchement, ce qui me sert aujourd'hui dans mes entreprises récentes pour échapper au salariat, ce n'est pas mon diplôme, mais ma culture (et notamment, pour le clin d'oeil, ma prépa) ainsi que mon réseau.

Pour le reste, globalement, je constate une césure entre HEC/ESSEC et le reste : les fonctions de direction avec pouvoir de décision effectif sont plus facilement et plus naturellement accessibles à ces deux fleurons de ma filière commerciale.

Pour les autres il y a un plafond de verre, quoiqu'on en dise. Certains ne s'en rendent pas compte. D'autre n'y sont pas confrontés parce qu'ils ont la chance d'être « fils de » ou « parent plus ou moins proche de »…

Reste l'esprit d'entreprise, si souvent découragé en France.

Là encore, ce n'est pas le diplôme, même s'il fournit les prérequis indispensables, mais plutôt la culture personnelle du candidat entrepreneur, son énergie, son autonomie et son indépendance d'esprit qui feront la différence.

Nous nous sommes un peu éloignés de votre sujet d'origine, mais je crois que, depuis la dévalorisation du cursus prépa+école avec l'arrivée en masse des admissions parallèles dans les années 90, la hiérarchie des écoles pondue par tel ou tel journal n'a aucun sens. En tant que recruteur par exemple, je préfère avoir à mes côtés un IAE de Poitiers modeste et travailleur plutôt qu'un Essec de la génération Y (que j'ai eu effectivement en stage et qui était parfaitement inapte au service).

Il faut que les futurs collaborateurs aient des tripes et de la jugeote, ce que confère un passage en prépa+concours.Pour évaluer la qualité d'une école, à mon sens, seule compte l'exigence des concours d'entrée post CPGE : on ne peut pas tricher devant un concours tels que ceux que j'ai connu.

Les ESSEC ou les HEC ont une tournure d'esprit bien particulière, façonnée notamment par la tonalité du concours d'entrée, qui est pour moi le seul juge de paix ; idem pour Lyon ou l'EDHEC..

La prépa contribue à ce façonnage intellectuel comme presqu'aucune autre formation. Finalement l'école que l'on fait après me semble un point assez accessoire, aux deux exceptions HEC/ESSEC près. J'ignore ce qu'il reste de tout cela aujourd'hui, mais il est clair que ce n'est pas le nombre de toilettes par habitant qui va qualifier la valeur d'un diplôme à mes yeux.

Ces classements sont des coups marketing poussés par telle ou telle école, mais tellement éloignés de la réalité de l'entreprise ».

Le témoignage est décapant et nous renvoie à la réalité du monde du travail

Un nouveau diplômé sur six commence une carrière à l'étranger et 68 % d'étudiants internationaux sont embauchés en France à la suite de leurs études. Ces taux illustrent la globalisation du marché mondial du travail.

Les statistiques sur la question sont discrètement cachées, mais la France perd massivement ses jeunes les plus qualifiés. La fuite des cerveaux caractérisait les pays de l'ancien Tiers Monde et ceux de la défunte Union Soviétique. Le massacre fiscal du début du quinquennat, l'absence de croissance, la montée de l'insécurité ne sont pas les seules explications.

La manière dont la jeunesse travailleuse et diplômée se représente son avenir dans le pays se révèle calamiteuse. D'après les données du réseau social professionnel LinkedIn, qui étudie régulièrement la « relocation » de ses membres, la France perd en nombre des personnes qualifiées. C'est une confirmation et plus seulement une intuition : nous sommes le 2ème pays dans le monde, juste après l'Inde. Les pays qui parviennent plus à relocaliser leurs professionnels sont des destinations connues des expatriés : les Emirats Arabes Unis, la Suisse (le pays qui compte le plus de Français « exilés »), l'Arabie Saoudite, Singapour et l'Allemagne. Ces résultats sont d'après LinkedIn un *« indicateur de la performance économique »* de chaque pays du top 20. Et il est vrai que dans le top du classement on retrouve des pays qui ont connu une forte croissance, alors qu'en queue de peloton, on tombe sur la France et ses voisins latins. Des pays où la crise continue de durer, poussant pas mal de professionnels à aller voir si l'herbe n'est pas plus verte ailleurs.

Par ailleurs, dans le top 10 des destinations de prédilection, le Canada arrive en tête, suivi par les États-Unis, la Suisse, l'Australie et la Suède.

Mais ce sont les plus diplômés et les Franciliens qui sont les plus enclins à s'expatrier. Seuls 3 % des jeunes sans diplômes veulent s'expatrier.

http://etudiant.lefigaro.fr/les-news/actu/detail/article/fuite-des-cerveaux-les-bacs-5-veulent-quitter-la-france-18881/

L'émigration, la fuite des cerveaux, une question majeure dont personne ne parle.

http://www.lesechos.fr/idees-debats/cercle/cercle-107013-chut-la-france-se-vide-1030472.php#xtor=CS1-25

Yves Montenay, président de l'Institut culture, économie et géopolitique (ICEG)

« PME ruinées, grandes entreprises redéployées, entrepreneurs expatriés et jeunes qualifiés au chômage. Le constat est sans appel : des milliers de Français quittent le pays. Est-ce grave ? Tout dépend de qui part et par qui il est remplacé : si nous perdions trois bons informaticiens, mais que trois génies de la Silicon Valley venaient s'installer en France, il n'y aurait pas de problème. Mais les causes de départ dont nous allons

parler maintenant vont nous montrer que justement ce qui fait partir les uns fait que les autres ne viennent pas.

Ces causes de départ et de « non-arrivée » sont à la fois psychologiques et fiscales, les deux étant bien sûr intimement liées. Les raisons psychologiques peuvent être résumées par le terme « sentiment anti-entreprise » et sont aggravées par un sentiment d'insécurité et d'incohérence. Cette hostilité a dans un premier temps facilité leur surtaxation, et freine actuellement la correction de cette erreur : les parlementaires continuant à proposer de multiples petites mesures alourdissant les impôts et les complications. Les grandes banques françaises délocalisent vers l'Inde des activités haut de gamme : informatique, back-office (Les Échos du 28 avril 2014), et autorisent leurs filiales, notamment à Londres, à recruter localement. Total a installé dans cette ville son service de trésorerie et la bourse de Paris ses gros ordinateurs. Le DG de Sanofi et son comité exécutif sont à Boston (Le Monde du 4 juin, qui titre « l'exode des états-majors du CAC 40 »).

Et le mouvement s'étend aux sièges sociaux dans leur ensemble : Lafarge ira à Zurich après s'être réfugié dans les bras de son collègue suisse Holcim, Rhodia ira en Belgique chez Solvay. C'est autant d'emplois de moins en France qui pèsent sur les recettes fiscales, tant directement qu'indirectement du fait de la consommation qui disparaît. Pourquoi rester en France si on y paye plus d'impôts, qu'il est plus difficile d'y gérer son personnel et qu'en plus on se fait insulter ?

Donc on « vote avec ses pieds » en émigrant. André Bercoff et Déborah Kulbach publient chez Michalon Je suis venu te dire que je m'en vais, Julien Gonzalez publie chez la Fondation pour l'innovation politique Trop d'émigrés ? Regard sur ceux qui partent de France, où est notamment repris ce sondage de 2013 selon lequel 51 % des 25-35 ans quitteraient la France s'ils le pouvaient. Or le monde entier recherche non seulement les plus qualifiés, mais aussi tous ceux « qui en veulent ». Quand je demande des nouvelles de leurs enfants à mes amis, ils me disent qu'ils sont au bout du monde.

Londres est la grande gagnante de ces maladresses et incohérences, (décompte très partiel puisqu'il ne s'agit que des investissements directs, et non des opérations signalées ci-dessus). Cela pour des raisons fiscales, mais surtout par la considération dont bénéficient les entrepreneurs et les entreprises, et par la liberté du marché de l'emploi (liberté qui ne crée pas de chômage puisque l'Angleterre crée 100.000 emplois par mois) ! « Nation de boutiquiers » disait Napoléon, sans voir que c'était justement sa force.

On ne peut s'empêcher de penser à l'exode des huguenots poussés à quitter la France par Louis XIV. C'était pour des raisons religieuses dira-t-on, mais à l'époque le religieux était idéologique. L'État était catholique, les catholiques étaient traditionalistes et leur élite rentière, les protestants étaient entrepreneurs ou artisans qualifiés. Le résultat a été une catastrophe pour la France, et une bénédiction surtout pour la Prusse, mais aussi pour l'Angleterre, les États-Unis et même l'Afrique du Sud ! »

CHAPITRE 15

La vraie situation des écoles de commerce

Des indicateurs objectifs et vérifiables existent-ils ? La presse pourrait-elle partir de ces indicateurs officiels, éviter la manipulation de certains services de com trop zélés ?

Oui ils existent et je ne comprends pas pourquoi la presse leur préfère des indicateurs surréalistes. Les vrais chiffres des écoles de commerce sont validés par les directeurs et sont transmis au Ministère de l'Education Nationale de l'enseignement supérieur et de la recherche. Ils sont utilisés pour accorder ou non aux écoles le Master. Ils sont centralisés par la commission en charge des accréditations, la CEFDG.

https://www.cefdg.fr/

L'approche n'est pas facile pour le grand public mais je me propose de dévoiler les fiches cachées des écoles. Nous y ajouterons d'excellentes enquêtes objectives menées par les statisticiens de l'Ensai.   .

Nous serons alors très loin de la grande cuisine des classements et de l'image de la jeunesse dorée pour laquelle tout serait facile.

LES ECOLES ET L'EMPLOI/ LES VRAIS CHIFFRES

Juger les écoles sur leur capacité à faciliter l'emploi de leurs étudiants ? L'idée ne semble pas mauvaise. Hélas l'art de la com ne permet pas d'appréhender la réalité. Comment ne pas être exigeant si vous sortez d'une école gonflée par des classements imbéciles ?

Saviez-vous qu'un diplômé sur deux n'a pas de CDI un an après avoir quitté certaines écoles ?

Parfois un sur quatre est encore à la recherche d'un emploi au terme d'un cursus qui a pu couter 50 000 euros de frais de scolarité.

Les écoles post bac ne figurent pas dans le petit groupe d'écoles qui réussissent magistralement l'insertion de leurs jeunes diplômés. Elles sont pourtant plus chères et moins ouvertes socialement que les meilleures. Les statistiques réservent bien des surprises : contre-performances de certaines écoles chéries de certains classements, réussite de « petites écoles » négligées. Quant aux fameux BBA et bachelors, ils conduisent surtout à intégrer une autre école dans les 3 /4 des cas et donc à des cursus de 80 000 euros…

Des chiffres qui dérangent ?

Si les chiffres que vous allez analyser étaient connus , les classements de la presse seraient ridiculisés…Ne parlons pas des discours lénifiants sur les BBA et bachelors .

Les vrais chiffres des écoles de commerce sont validés par les directeurs et sont transmis au Ministère de l'Education Nationale de l'enseignement supérieur et de la recherche. Ils sont utilisés pour accorder ou non aux écoles le Master. Ils sont centralisés par la commission en charge des accréditations, la CEFDG.

https://www.cefdg.fr/

L'approche n'est pas facile pour le grand public mais je me propose de dévoiler les fiches cachées des écoles. Nous y ajouterons d'excellentes enquêtes objectives menées par les statisticiens de l'Ensai.   .

Nous serons alors très loin de la grande cuisine des classements et de l'image de la jeunesse dorée pour laquelle tout serait facile.

Les indicateurs du ministère sont réalistes   mais il faut tenir compte de trois situations différentes : l'emploi, le chômage et la poursuite d'étude.

Le total des employés et de ceux qui sont en recherche d'emploi ne fait pas 100%, plusieurs étudiants sont en poursuite d'étude après leur diplôme.

Les poursuites d'étude sont moins nombreuses que l'on pouvait le penser. Elles sont incontournables si un étudiant veut compléter son diplôme par une véritable double compétence en droit ou dans une école d'ingénieur. Tel est le cas dans les parisiennes ou à l'EDHEC mais les chiffres demeurent modestes, tout comme les doubles compétences…

Dans certaines écoles la poursuite d'étude traduit une réalité différente, le besoin de compléter un diplôme jugé insuffisant. On évoque souvent des masters spécialisés dans des écoles plus prestigieuses. Dans les faits cette pratique est peu répandue et la poursuite d'étude se fera après quelques années d'expérience professionnelle. Le diplôme de la Grande Ecole se suffit donc à lui-même dans l'immense majorité des cas.

Ce n'est pas le cas des BBA et bachelors qui ne conduisent pas majoritairement au marché du travail mais … à intégrer une autre école .

Les écoles n'assurent pas une protection complète contre le chômage

L'enquête de la CGE nous donne 15%de jeunes diplômés en recherche d'emploi, 80% d'employés et 5% en poursuite d'étude pour l'ensemble des grandes écoles de commerce.

Les écarts sont pourtant conséquents entre des écoles qui comptent moins de 5% de chômeurs après le diplôme et celles qui sont à près de 20%. Mais tous les emplois ne se valent pas, nous prendrons donc en compte le pourcentage de jeunes diplômés en CDI

Qui fait mieux que la moyenne? Les parisiennes, on s'y attendait mais il y a des surprises.

Les écoles qu'il faut intégrer : moins de 10% d'étudiants en recherche d'emploi et plus de 70% en cdi

Réussite sans égal de l'Essec, pour pratiquement tous les étudiants c'est le cdi. Certains seront surpris de trouver Neoma dans le premier groupe mais la proximité de PARIS (Reims, Rouen) et l'importance de l'apprentissage n'y sont pas pour rien. Peut être également une moindre exigence en terme d'emplois ?

% Diplômés en CDI		%en recherche d'emploi
ESSEC	90.2	3
ESCP	77.4	7
HEC	74.1	5
EM LYON	73.8	7
NEOMA	73.8	9

Trois écoles n'atteignent qu'un seul objectif mais leurs performances sont enviables

Je m'attendais à trouver l'EDHEC et Audencia un peu mieux placées, Kedge s'en sort bien. Le niveau d'exigence serait-il trop élevé pour les diplômés de l'Edhec et de Audencia qui croient en l'existence d'un top 5 ?

% Diplômés en CDI		%en recherche d'emploi
EDHEC	70.6	12
KEDGE	68.9	5
Audencia	64 .7%	8.3

Les autres écoles

On trouve dans ce groupe des écoles post bac qui parviennent à égaler des écoles recrutant après prépa ou licence. L'ieseg école chérie des média se situe à ce niveau avec TBS et Skema .

% Diplômés en CDI	%en recherche d'emploi	
TBS	64.75	12 .2
Ieseg	68 .8	11
SKEMA	66.5	15

Les déceptions

Même si c'est un peu mieux qu'en 2017 Grenoble n'a pas de résultats à la hauteur des fameux classements . La notoriété n'explique pas tout, la proximité de Paris, la force du réseau d'anciens font la différence entre Néoma, Telecom et des écoles plus éloignées comme Grenoble ou Montpellier.

La situation du marché local de l'emploi… un indicateur qui n'est jamais pris en compte.

	% Diplômés en CDI	%en recherche d'emploi
EM STRAS	62.4	14%
Esce	61	6
ESSCA	59.3	10

GEM	60.1	17
MONTPELLIER	53.5	25.7
RENNES	53.3	23

Les petites malines qui réussissent ...

L'enquête porte sur de petits effectifs car les promotions sont moins nombreuses (5 fois moins qu'à Neoma ou Kedge) ce qui limite les comparaisons. Ces petites écoles, par leur taille, réussissent cependant l'insertion des étudiants avec des performances dignes du premier groupe. De belles performances pédagogiques ...De quoi faire hésiter. Ces écoles sont moins chères et plus ouvertes socialement que celles qui font moins bien…

	% Diplômés en CDI	%en recherche d'emploi
TELECOM	80 .11	8
BURGUNDY	76.4	7 .9
ICN	72.3	8.8

Quelles explications peut-on fournir ?

La notoriété n'explique pas tout, la proximité de Paris, la force du réseau d'anciens font la différence entre Néoma, Telecom et des écoles plus éloignées comme Grenoble ou Montpellier.

La situation du marché local de l'emploi… un indicateur qui n'est jamais pris en compte. Je ne comprends pas pourquoi.

Cette année, la nouvelle attention portée à l'apprentissage révèle que 13 % de la population des diplômés est concernée et considère cette pratique pédagogique de nos programmes comme particulièrement adaptée pour garantir la meilleure insertion dans le monde professionnel.

Le stage de fin d'études est la principale porte d'entrée vers l'emploi, particulièrement pour les ingénieurs (un tiers d'entre eux a décroché son emploi par ce moyen). Les stages effectués durant leur année de césure ont permis à près de 6 % des managers d'obtenir leur premier emploi ; ce moyen reste marginal pour les ingénieurs (1,6 %). Par ailleurs, 5,2 % des nouveaux ingénieurs et 6,4 % des nouveaux managers ont été embauchés à l'issue de leur apprentissage. L'addition de ces trois moyens concourt à près de 40 % des recrutements.

 Le second moyen utilisé par les diplômés pour trouver leur emploi est la navigation sur les sites internet spécialisés dans l'emploi, principalement l'APEC. Si on y ajoute les sites Internet d'entreprises, un emploi sur cinq y trouve son origine. On peut aussi noter la progression de l'utilisation des réseaux sociaux professionnels dans la recherche d'un emploi : + un point entre 2015 et 2016, pour les ingénieurs comme pour les managers. Les relations personnelles interviennent dans 10 % des embauches, plus fréquemment chez les managers. Les candidatures spontanées ont permis à plus de 8 % des diplômés des grandes écoles de décrocher leur emploi.

Les vrais chiffres de l'apprentissage en école de commerce

Pour le ministère l'alternance et particulièrement 'apprentissage doivent jouer un rôle important, les classements retiennent tous ce critère mais s'emmêlent les pinceaux dans des chiffres fantaisistes.

Comparez avec les vrais chiffres….

La pratique de contrats de professionnalisation complète les contrats d'apprentissage mais le questionnaire du ministère ne porte pas sur ce type d'alternance. Pour en savoir plus il faut se tourner vers les sites des écoles. Nous l'avons fait et nous avons pu constater que certaines écoles peu portées sur l'apprentissage ont signé des accords avec ADDECO. La hiérarchie n'en sera pas modifiée pour autant car l'alternance est complexe à mettre en œuvre, il faut adapter les emplois du temps.

Montpellier a fait le choix de donner la priorité à l'alternance. Un groupe d'école mené par l'Essec, Neoma, Skema , l'Edhec ,offre de belles possibilités.

Les autres écoles ont fait d'autre choix tout autant respectables

% d'apprentis déclarés au ministère

MONTPELLIER   842/2377   **35.5%**

ESSEC   340/3004   **11%**

NEOMA	662/5664	11.5%
SKEMA	424/4356	9.8
EDHEC	236/3471	6.8
RENNES	128/2235	5.7
KEDGE	302/5884	5.1
ESCP	159/3163	4.8
TBS	94/2500	4
GEM	113/3076	3.7%
AUDENCIA	42/2392	2%
IESEG	119/3932	2.5
EM LYON	26/2993	1%
HEC	28	1%

La puissance de l'école

Nous retiendrons comme indicateur le budget annuel du groupe tel qu'il est transmis au ministère ; le diviser par le nombre d'étudiants n'aurait pas grand sens car les formations sont très différentes (rien de comparable entre un BTS en alternance et un MBA).

Le budget d'une Institution traduit la capacité d'action d'une école mais il faut l'interpréter avec prudence, les gros budgets sont aussi la conséquence de gros effectifs et de scolarités élevées. La recherche de la taille critique explique aussi le changement récent de stratégie de l'Escp ainsi que plusieurs fusions.

En millions d'euros :

ESSEC 117

HEC 116.5

KEDGE 95

ESCP 96

NEOMA 71.5

EM 68

SKEMA 72M

GEM 55.7

TBS 51

IESEG 45

AUDENCIA 40

RENNES 32

MONTPELLIER 29

TELECOM 18

Le POTENTIEL DE RECHERCHE

La FNEGE a eu pour mission, à l'origine, de développer en France l'enseignement supérieur de gestion pour le porter à un niveau comparable à celui des grands pays industrialisés.

Les programmes qu'elle a alors financés ont permis, dans un premier temps, la formation d'un corps professoral de gestion de haut niveau. Dans un second temps, la FNEGE a favorisé le développement de la recherche en gestion (formations doctorales, associations académiques, publications, notamment la Revue Française de Gestion).

Ces dernières années, la FNEGE a beaucoup contribué à l'internationalisation des établissements français de gestion, soit en aidant à la délocalisation de programmes, soit en facilitant des partenariats avec des établissements étrangers.

La FNEGE étudie et prime travaux de recherche, études de cas et innovation pédagogique .la consultation de la liste des lauréats ne manque pas d'intérêt :

Jean-Luc CASTRO, Mohamed MERDJI et Mickaël NAULLEAU   AUDENCIA

Grégory BRESSOLLES, Yves ESTRADE et Pierre MORA   KEDGE Business School

Géraldine GALINDO et Nathalie CLARET   ESCP Europe

Isabelle DUCASSY et Philippe GIVRY KEDGE Business School

Marie-Josephe Rigobert, Souad Brinette, et Amine Chelly, Professeurs à EDC Business School

Catherine Leblanc et Benjamin Morisse ESSCA d'Angers

Yannicke Heuberger et Céline Davesne, NEOMA Business School

Eric PERSAIS, Groupe Sup de Co La Rochelle,

Amine CHELLY, Mathieu CHAUVET et Jean-Yves EGLEM, EDC Paris,

Alain ROUX, Sylvie CARTOUX-ROYET et Gilles CERTHOUX AUDENCIA

 Mmes Anne QUEFFELEC et Marie-Noëlle RIMAUD   sde co la Rochelle

Madame Catherine PUTHOD (Université de Savoie - IUT Annecy)

Monsieur Paul LAPOULE (Advancia-Negocia)

Jean-Luc CASTRO, Mohamed MERDJI et Mickaël NAULLEAU   Audencia

Mme Karine LE RUDULIER de l'IGR-IAE de l'Université de Rennes 1.

M. Claude ANANOU d'HEC Montréal

Gilbert BABIN , Pierre -Majorique LEGER et Jacques ROBERT HEC Montréal

Henri ISAAC , Valérie RENAUDIN, Jean-Marc AYME et Nathalie INNOCENTI Université Paris Dauphine

Madame Latifa HORR (enseignante-chercheure à l'Université Mohamed V- Rabat Souissi - Maroc).

En dehors de l'ESCP le top 5 habituel ne brille pas particulièrement, belle performance de Audencia ,on trouve également des professeurs de Kedge et Neoma.

Pour obtenir le droit de délivrer le grade de master l'école doit démonter la force de la recherche. La CEFDG interpelle donc les directeurs d'école.

Sont comptabilisés pour le ministère les articles publiés dans les revues scientifiques, les ouvrages les études de cas …Plus important sans doute le nombre de professeurs HDR, le plus haut grade pour les enseignants chercheurs, sans eux pas de recherche possible dans une faculté.

Kedge	152
Escp	120
Hec	97
EM L	120
Essec	159
Neoma	117

Edhec   95

Ieseg   95

Skema   89

Gem   78

Audencıa   66

Tbs   63

Rennes   46

PROFESSEURS DOCTEURS habilités à diriger la recherche HDR

ESCP   50

Hec   23

GEM   21

Essec   18

SKEMA 18

Audencia 12

ESSEC 12

TBS 16

Ieseg 15

LYON 11

Neoma 10

EDHEC 4

RENNES 1

Un premier groupe d'école se détache avec Kedge , l'ESCP,HEC ;

Un deuxième groupe comprend l'EM, Gem, SKEMA, TBS NEOMA (qui revient de très loin) et l'IESEG

Nous sommes surpris par la situation de l'Edhec et de Rennes .

Il est bien difficile d'établir un rapport entre les déclarations officielles des écoles et les points attribués par la presse.

La préparation à l'international

Deux informations essentielles sont fournies, par les directeurs d'école, à la commission pour obtenir le droit délivrer le grade de master.

LES ETABLISSEMENTS PARTENAIRES

RENNES	235
AUDENCIA	211
NEOMA	209
KEDGE	152
EDHEC	140
EM	125
GEM	115
ESCP	95
TBS	98
SKEMA	98
Essec	96
HEC	91

LE NOMBRE D'ACCORDS DE DOUBLE DIPLOMES

IESEG	45
ESCP	29
AUDENCIA	27
GEM	22
TBS	22
EDHEC	20
NEOMA	15
KEDGE	15
SKEMA	14
RENNES	14
Essec	11
HEC	15
EM	6

La prise en compte de ces indicateurs est sans doute moins probante que les précédents car les partenaires ne se valent pas .Pour Hec la qualitatif l'emporte sur le quantitatif. Une école se détache de toutes les autres : l'ESCP.

Conclusion de la deuxième partie

Derrière le brouillard j'entrevois la solidité de belles institutions.

Difficile de présenter toutes les écoles et certains seront surpris.

Bien des écoles non citées sont de grande qualité mais je conseillerai aux étudiants de leur préférer s'ils sont admis celles des groupes ci-dessous :

- Hec

- Essec /Escp/masters selectifs Dauphine

- Edhec / EM Lyon / IEP Paris

- Audencia /GEM/ Neoma / iae Paris

- Skema /TBS/Kedge /Ieseg / Iae AIX

- Rennes /Montpellier /Telecom /Essca/iPAG

Pour tenter de légitimer mes choix, je tiens à insister sur des critères objectifs que représentent :

- L'insertion professionnelle et l'emploi

-La méthode LINKEDIN et les carrières des anciens

- La proximité de Paris pour les stages

- Le recrutement sélectif est important pour les employeurs : En 2016 Audencia, Gem sont à plus de 11/20 pour leur barre d'admissibilité, Tbs et Neoma sont à 10,5. A l'écrit au moins un candidat sur deux est éliminé.

- Un recrutement à majorité admission sur CPGE .Le modèle français de la grande école a pour socle l'excellence des CPGE et pour prolongement une formation indissociable de l'entreprise. J'ai voulu vous aider à retrouver les qualités de ce modèle et les institutions qui le font vivre. Je ne parle donc que de ce que je connais.

Il existe d'autres modèles, d'autres écoles… Evitons de nous perdre dans le brouillard.

Certains ne manqueront pas de souligner que la hiérarchie des groupes est la même qu'il y a dix ans ; et alors ? Tout ce marketing pour rien ? Sans doute….

Chapitre 16

Les parisiennes ou la mort ?

En France nous avons deux écoles de statut mondial, l'INSEAD et HEC et il n'y a pas de place pour 6 ou 7.

Qui peut les rejoindre ? Le top cinq existe-t-il ?

 Pas pour tous les recruteurs qui parlent de HEC et des autres ou encore des trois parisiennes et du groupe des grandes provinciales (EDHEC/EMLYON/AUDENCIA/GEM/NEOMA/TBS/)

Le top 5 serait en grande partie une invention des fameux classements ... En m'appuyant sur des critères objectifs je risque d'en décevoir plus d'un mais les deux prétendantes sont bien plus proches des autres provinciales que de Hec .

Alors les directions de Lyon et de l'Edhec ont décidé de changer complètement de modèle quitte à déconcerter de vieux conservateurs comme moi.

CES CHOIX PASSENT TOUJOURS PAR UNE EXPLOSION DES FRAIS DE SCOLARITE. Depuis 2016 ils atteignent 44 000 euros pour trois ans à l'EDHEC, 45 000 à Lyon , c'est-à-dire 10% de plus que dans une parisienne , 30% de plus qu'à Audencia et même 45% de plus qu'à Gem , Neoma ,Tbs , Skema ...

Pour augmenter le budget, les écoles choisissent d'augmenter les effectifs du programme grande école mais aussi des autres programmes

Dès 2014 le nouveau directeur de l'EM Lyon, Bernard Belletante , a clairement indiqué ses ambitions.

« Objectif : 10.000 étudiants en 2019, contre 2.800 actuellement. L'EM Lyon ambitionne aussi d'avoir la moitié d'étudiants étrangers (hors échanges universitaires) sur six campus, dont trois hors de France, alors qu'elle dispose de trois campus actuellement à Lyon, Saint-Étienne et Shanghai. L'EM Lyon voit grand, ou plutôt « global ». L'école de management a l'ambition de figurer d'ici à dix ans parmi les trois ou quatre écoles françaises ayant une activité et une réputation de niveau mondial. « HEC Paris et l'Insead ont déjà fait ce qu'il fallait. Il reste donc une ou deux places à prendre », note Bernard Belletante, nommé à la tête de l'EM Lyon en mai 2014.

Pour financer ces projets de développement, le conseil d'administration a approuvé un plan d'investissements de 43 millions d'euros sur cinq ans. L'EM Lyon, qui dispose de 62 millions d'euros de budget cette année, table sur 100 millions d'euros d'ici à cinq ans. « À moins de 100 millions d'euros, vous ne jouerez plus en première division, » estime Bruno Bonnell, entrepreneur et président du conseil d'administration de l'école lyonnaise.

« Nous avons besoin de croissance et cette croissance se trouve dans les nations émergentes », estime le directeur de l'EM Lyon. L'école va commencer par créer deux campus via deux nouvelles structures juridiques, EM Lyon Africa et EM Lyon Asia : l'un localisé en Afrique francophone, à Casablanca; l'autre en Asie dans le sud de la Chine, le choix de la ville n'étant pas encore arrêté. En 2016, la business school lyonnaise envisage aussi de se positionner au Moyen-Orient, « très bonne tête de pont pour attirer des étudiants d'Afrique anglophone ».

Autre élément fort d'internationalisation, le lancement de « pop-up campus ». Depuis le premier semestre 2015, l'EM Lyon forme sur l'un de ces campus éphémères 300 cadres en finance de la zone africaine (Burkina Faso, Cameroun, Togo, Sénégal). Au menu : formation à distance, coaching et une semaine de rencontre.

L'EM Lyon a ouvert également des locaux à Paris en 2016 «. Pas question d'y installer le programme grande école. « Il s'agit d'être attractif pour les étrangers, en particulier les professeurs. Et de réaliser des programmes (des mastères spécialisés en particulier) que la business school lyonnaise ne peut développer en Rhône-Alpes », précise Bernard Belletante.

«Il faut préciser que les étudiants de BBa après leurs quatre ans d'étude devront payer 35000 euros pour seulement deux ans de Programme Grande école.

Dans cette stratégie le recrutement sur prépa trouve ses limites :

http://www.xerfi-precepta-strategiques-tv.com/emission/Bernard-Belletante_Grandes-ecoles-c-est-la-fin-des-classes-prepa_2395.html

Bernard Belletante est une personnalité forte qui s'est heurté à la prudence bordelaise en 2013/2014 mais à Lyon il bénéficie du soutien du président du conseil d'administration, il est de plus le directeur d'école référent pour la presse.

L'EM Lyon a ainsi été classée devant l' Essec par le Parisien et le Point . Réalité ou pas ?

Les ambitions lyonnaises ont en tous cas donné des ailes à l'excellent Olivier Oger qui avait pourtant construit à l'EDHEC un modèle non pas concurrent mais différent de celui des parisiennes en particulier en finance et en droit.

Intégrer une des trois VRAIES parisiennes représente pour un étudiant un avantage indéniable. Les moyens mis en œuvre sont considérables et cela se traduit par la possibilité de sortir avec des doubles diplômes traduisant des doubles compétences.

Rappelons que dans la finance, la stratégie celui qui ne sort pas d'une parisienne devra accepter de faire ses preuves à l'étranger . Un ancien résume clairement la situation :

- « *Les grandes banques anglo-saxonnes ne recrutent pour des postes post diplôme que dans les parisiennes. Pour ma part, je n'ai pu rejoindre les rangs de Credit Suisse et de Morgan Stanley qu'après une solide expérience dans une « boutique » spécialisée en fusions-acquisitions*

- *Il y a quelques années j'ai été contacté par un chasseur parisien qui avait un mandat pour une société française de factoring bien connue. Apres 30 minutes à discuter de mon expérience, le chasseur me demande ma formation étudiante. Quand je lui dit « EM Lyon » je l'entends parcourir une liste. Il m'avoue que cette société applique une grille de salaire en fonction de l'école/diplôme. J'avais plus de 10 ans d'expérience professionnelle et ça me paraissait délirant d'être paye quelques milliers d'euros de moins parce que je n'avais pas fait HEC. Ça en disait évidement long sur la « culture » d'entreprise et les perspectives de carrière. La conversation s'est arrêtée là. »*

L'avantage le plus évident concerne les partenariats avec les écoles d'ingénieurs pour les passionnés de la finance. Nous retiendrons le partenariat entre l'X et Hec et celui de Centrale avec l'Essec.

Ils peuvent intégrer les mêmes métiers et secteurs que tous les diplômés des deux écoles, ce qui élargit le spectre des opportunités.. Ils se placent dans des domaines valorisant une double culture comme le conseil, la banque. Reconnaissons que seule un petit nombre d'étudiant peut bénéficier de ces formations.

La double compétence droit- gestion parait plus ouverte, particulièrement à Hec avec Paris 2, et la possibilité d'intégrer le master 2 de fiscalité. Celle de l'Essec, avec Assas sera plus sélective.

Les parisiennes apportent beaucoup à la condition d'y travailler et de profiter des opportunités de l'école. A défaut le bonus n'ira pas très loin.

Il est plus facile d'obtenir un stage dans certains secteurs et plus particulièrement le conseil, la finance de marché et les banques d'affaires. L'apriori favorable dont bénéficie le diplômé des parisiennes ne tient pas tant à la qualité des cours qu'à des données rarement mises en avant par les écoles.

- Ces écoles sont à Paris ou à proximité de Paris, c'est-à-dire pas très loin de l'offre : la Défense, les quartiers d'affaires ;

- Les étudiants sont réputés sortir de bonnes CPGE, le recruteur supposent donc qu'il s'agit de belles machines intellectuelles à fort potentiel et forte capacité de travail. Pour certains métiers, au-delà de l'école, le bac S avec une mention très bien et une bonne CPGE seront des atouts.

- La sélectivité des écoles est connue : moins de 15% des étudiants inscrits en CPGE intègrent les trois parisiennes.

- Les réseaux des écoles sont le plus souvent bien structurés (plus pour Hec que pour l'Essec disent les anciens…)

Les trois parisiennes offrent à leurs étudiants des premiers salaires de 20% supérieurs aux diplômés de grandes écoles de province mais les entreprises sont plus exigeantes qu'hier et attendent un « retour sur investissement ».

HEC :

Points forts : notoriété, moyens, doubles compétences, réseau exceptionnel, école « mondiale », insertion professionnelle, recrutement…

Points faibles : pas d'apprentissage

% DIPLOMES EMPLOYES EN CDI   UN AN APRES :76.5%

Recherche emploi 5%

Hec n'aurait pas survécu aux critères des classements de la presse sans les hauts salaires des diplômés et le nombre des anciens figurant au Who's who. Ainsi elle ne serait que 12eme pour la qualité des relations entreprises et l'insertion, loin très loin derrière e Montpellier et Strasbourg (Challenges en 2016) ou loin derrière l'EDC pour l'entrepreneuriat (le Point 2018).

 De quoi sourire lorsqu'on connait le réseau d'entreprises partenaires et de chaires d'entreprises dont bénéficie l'école. HEC domine et pourtant l'école n'a pas cédé au tropisme des campus multiples. Elle est sans doute celle qui bénéficie de la meilleure notoriété à l'international ce qui n'empêche pas le Figaro de la classer loin derrière l'ESC Rennes, l'ISG et Montpellier...

Qu'importe les critères Hec est bien l'école qui dispose du plus de moyens et de perles rares. Elle a fait le bon choix de diplômer les cadres dans ses   programmes « executives » plutôt que de fausser la lisibilité de son diplôme grande école avec des bachelors.

Il n'y a pas d'apprentissage à Hec (0.5%) ni de campus à l'étranger.

La scolarité est gratuite pour les boursiers.

Entre 12 et 15 entreprises incubées par promotion

http://www.hec.fr/incubateur-hec/category/les-incubes/

Le réseau compte 45000 anciens il est accessible aux étudiants moyennant 150 euros de cotisation

 HEC ET SES PERLES : les doubles compétences

-Obtenir le Master (M1 & M2) en <u>Droit des Affaires de Paris 1 Panthéon-Sorbonne</u> ainsi que le Diplôme HEC Paris Grande Ecole / Master in Management & Business Law

Permettre aux étudiants de maîtriser les enjeux juridiques et fiscaux des entreprises mais aussi stratégiques et opérationnels

Acquérir une vraie expérience terrain via deux stages, dont un à l'international (ces stages peuvent être effectués pendant une année de césure optionnelle ou à tout autre moment)

Être préparé aux métiers d'avocat d'affaire ou fiscaliste et à postuler à l'école du Barreau (taux de réussite supérieur à 95 % chaque année).

-Le Master Public affairs en langue anglaise avec le m1 à Hec et le m2 dans une université partenaire
HEC PARIS / FREIE UNIVERSITÄT BERLIN

HEC PARIS / MGIMO UNIVERSITY

HEC PARIS / GEORGETOWN UNIVERSITY

CHAIRES ET CENTRES hec

AXA BNP PARIBAS DELOITTE - SOCIETE GENERALE EDF ENGIE HEC Paris Leadership Center Chair Jean Monnet Droit européen et de la régulation du risque KERING Luxury Strategies Observatoire du Private Equity - Buyout Center ORANGE Management de l'Innovation et Globalisation PERNOD RICARD SAFRAN - HEC – SUPAERO Management de Programmes Innovants Social Business, Entreprise et Pauvreté avec le soutien de Danone, Schneider Electric et Renault TOTAL Management de L'Energie WEBHELP Gestion de capital humain et performance de l'entreprise.

Courtisée par les deux projets concurrents du plateau de Saclay, HEC Paris a enfin choisi. Si l'école ne dit pas rejoindre un groupement, elle scelle néanmoins son alliance avec NewUni et s'éloigne définitivement de l'Université Paris-Saclay.

NewUni (nom temporaire) est une alliance composée de l'École Polytechnique (l'X), l'ENSTA, l'ENSAE, Télécom SudParis et Télécom ParisTech. Elle délaisse donc l'Université Paris-Saclay, composée de l'Université Paris-Sud, CentraleSupelec, l'ENS Paris-Saclay et AgroParisTech.

L'ESCP profite de son implantation au cœur de Paris. L'Essec souffre du syndrome « fort Apache » au cœur de Cergy. L'Escp joue du prestige de ses programmes internationaux mais ses étudiants profitent moins qu'ils ne le pensaient du campus parisien Les Essec finissent par trouver du charme à Fort Apache.

L'effet campus n'est donc pas déterminant.

ESSEC

Points forts : satisfaction des étudiants, qualité de l'insertion professionnelle, apprentissage, doubles compétences, international, finance

Points faibles : pas encore une école « mondiale »

L'originalité de l'école : elle se fait souvent en 4 voire 5 ans, le passage à Singapour est familier ainsi que les cours à la carte. 18 mois minimum d'expérience professionnelle 9 mois minimum d'expérience académique ou professionnelle à l'étranger

L'indice de satisfaction :

ESSEC 49,9 pour les diplômés ESSEC LE PLEBISCITE

% DIPLOMES EMPLOYES EN CDI   UN AN APRES 92% Recherche d'emploi 3%

Tout est bon, il n'y a rien à jeter . Satisfaction pour la vie professionnelle et l'excellence du réseau apprentissage **11% d'apprentis**

Les vrais atouts de l'Essec, de belles doubles compétences et l'apprentissage :

Ecole Centrale Paris, ENS-Ulm ENSAE ESM Saint-Cyr Ecole du Louvre Droit Prep'ENA avec Paris IX-Dauphine Economie <u>Chaire Armand Peugeot</u> <u>Chaire Communication et Stratégie de Marque</u>

- Havas - Aegis Dentsu - TBWA - France Loisirs – Publicis

Chaire Economie Ubaine
- Conseil Général 95 - Communauté d'agglomération Cergy-Pontoise - Algoé - Véolia Environnement
- AG2R La Mondiale - CNP Assurance - COVEA - RTE - Société Générale - SNCF
Chaire ESSEC Santé
- ALK Abello - Sandoz - Smart Pharma Consulting
Chaire ESSEC Finance
Chaire Grande Consommation
- Auchan - Carrefour - Danone - FCD - ILEC - Lesieur - Nielsen - Procter & Gamble - SCA Tissue France - SEB - Unilever
Chaire Immobilier et Développement Durable
- BNP Paribas Real Estate - Poste Immo - Foncière des Régions
Chaire Innovation Thérapeutique
Celgene - Roche SAS - GSK Vaccines (Belgium)
Chaire La Poste - Strategic Management of Service

Chaire Leadership & Diversity
L'Oréal
Chaire LVMH
- Groupe LVMH
Chaire Media & Entertainment
- Orange - Société Générale - TF1
Chaire Philanthropie
- BNP Paribas Wealth Management - Fondation de France - Fondation Caritas - Fondation de Rothschild - Fondation Carasso
Chaire Strategic Innovation and Services
- La Poste
Chaire Vente et Stratégie Marketing

Michelin - Xerox - Renault - Prisma Media.

L'ESSEC Business School et l'Ecole Nationale Supérieure d'Architecture de Versailles (ENSA-V) initient un **double diplôme d'Architecte–Manager** sans équivalent en France. Cette double formation sera suivie en alternance dans les deux écoles pendant cinq ans.

Entretien

L'Essec aime bien des candidats affichant lors des entretiens une belle culture générale, la rigueur est appréciée ainsi que l'autonomie. Vous devez parfaitement connaître les avantages du parcours à la carte et les doubles compétences de l'école. Important de montrer la cohérence de votre personnalité avec les parcours finance, droit, Ecole du Louvres ou encore l'intérêt pour le multi campus. Surtout évitez de laisser croire que l'Essec serait un lot de consolation en cas d'échec à HEC. L'entretien de l'Essec est long, poussé, évitez de tricher, chercher la cohérence

ESCP
Points forts : Paris, l'international, les doubles compétences, la bonne insertion professionnelle, le réseau.
Points faibles un niveau de recrutement hétérogène , faible recrutement en prépa, ouverture sociale limitée apprentissage faible.

A l'ESCP la spécialisation se fait sur un des quatre campus

Berlin campus International business (allemand) Sustainability (allemand)

London campus Business consulting Creativity marketing management

Madrid campus Direccion internacional de proyectos

Marketing and digital strategy Communication and new media (espagnol) Societal entrepreneurship

Paris campus finance etc…

Les étudiants peuvent acquérir jusqu'à trois diplômes différents :

Allemagne : Master of Science

Grande Bretagne : European MSc in Management

Espagne : Master Dirección de Empresas

France : Master in Management Grande Ecole

Italie : Laurea Magistrale

Le plus intéressant ; les vraies doubles compétences

Les étudiants de Master 2 peuvent s'inscrire à :

L'Université Paris-Sud 11 (Sceaux) et obtenir un "Master Professionnel de droit", en choisissant l'une des spécialisations suivantes : "Juriste d'Affaires Franco-anglais" ou "Droit des Produits et Marchés Financiers".

Diplôme d'ingénieur statisticien-économiste à Ecole Nationale de la Statistique et de l'Administration Economique (ENSAE ParisTech)

""Master Recherche Management des Organisations et des Politiques Publiques" à l'Université Paris Ouest Nanterre La Défense, en partenariat avec l'Ecole Polytechnique, l'Ecole des Mines et ESCP Europe.

Les étudiants intégrant le programme en année Pré-Master peuvent s'inscrire à l'Université Pierre et Marie Curie (UPMC - Jussieu) et obtenir une "Licence de Mathématiques".

Chaire "Service public et Performance Managériale Deloitte en partenariat ave

Chaire "Entrepreneuriat"

La Chaire Entrepreneuriat (Chaire EEE)successeurs d'entreprise familiale, repreneurs, autoentrepreneurs, conseillers et/ou managers publics. Avec EY et BNP

Chaire "Gouvernance, Stratégie, Risques et Performance"

KPMG

Chaire "Innovation financière et Transformation"

BNP Paribas CIB

Chaire "Mode et Technologie"

La Chaire "Mode et Technologie avec Lectra

Chaire "Organisations, Leadership et Société" Société Générale

Entretien

L'entretien de l'ESCP est classique, pas de piège. Ne trichez pas mais une bonne connaissance de l'école, de sa dimension internationale s'impose. Evitez d'apparaitre comme un pantouflard, l'adaptabilité et l'ouverture sont privilégiées.

L'indice de satisfaction :Escp 45,9 Satisfaction pour la dimension internationale de l'école mais moins d'enthousiasme pour la préparation à la vie professionnelle

% DIPLOMES EMPLOYES EN CDI   UN AN APRES 77.4% RECHERCHE EMPLOI 7%

SEULEMENT 4.8% d'apprentis

Chapitre 17

EM Lyon EDHEC : les prétendantes

Les deux grandes provinciales sont dans une situation intermédiaire entre les trois parisiennes et le groupe suivant. J'ai toujours déconseillé à des étudiants admis à Lyon ou à l'EDHEC de démissionner pour cuber. Les salaires de départ sont un peu plus faibles et encore … Le conseil en stratégie préfère les parisiennes mais certains cabinets sont présents aux forums de l'EDHEC et de l'EM.

Les deux prétendantes bénéficient d'une image de sélectivité, moins d'un quart des préparationnaires peuvent espérer les intégrer.

Elles sont devenues très chères et il n'est pas certains en période de crise que les recruteurs justifient le différentiel de coût avec un diplômé d'une école plus modeste, sortant d'un parcours apprentissage (en finance d'entreprise par exemple). Un différentiel qui peut atteindre 50 000 euros. Un zeste de provocation : un étudiant de Gem, de Neoma aura des facilités pour un apprentissage pendant deux ans. Il peut espérer une rémunération de 35 ou 40 000 euros contre 15 ou 20 000 pour un étudiant de Lyon avec ses stages. Il paiera 10 000 euros de scolarité (les deux années de masters sont prises en charge par l'entreprise) contre 45000 pour le Lyonnais)

.Faites le calcul, un différentiel de 50 000 euros ….

La comparaison est plus difficile à effectuer avec Audencia et Tbs qui ont peu de places en apprentissage.

La question ne se posera pas pour un EDHEC en apprentissage mais ils sont peu nombreux ou en double cursus droit

L'EM Lyon

Points forts : la notoriété, les chaires, les relations entreprises, le bassin d'emploi, la satisfaction des étudiants, la bonne insertion professionnelle

Points faibles : le coût, l'apprentissage.

% DIPLOMES EMPLOYES EN CDI   UN AN APRES   73.8%

RECHERCHE EMPLOI 7% APPRENTISSAGE 1%

L'école se serait sans doute passée d'un regain de notoriété lié à des évènements politiques mais l'essentiel n'est pas là.

Les entretiens à l'EM sont difficiles. Les profils non académiques seront appréciés ainsi que les personnalités atypiques. Les jurys apprécient plus le profil étudiant débrouillard autonome que le fort en thème et le matheux .L'école valorise la logique entrepreneuriale. Attention à ne pas apparaitre comme un consommateur ou un « parisien ». Bonne connaissance de la ville de Lyon, de ses entreprises exigée .

L'indice de satisfaction :

EM   44, 9

Site de mise en relation alumni et étudiants

26565 personnes sont inscrites dans l'annuaire   101 groupes répétoriés

500 000 euros de bourses distribués chaque année

http://www.emlyonforever.com/gene/

 Incubateur : dernières données du site de l'école En 2014 70 entreprises ont été ou sont (26) incubées. Challenges en a trouvé 104

500 000 euros de bourses distribués chaque année

https://emlyonincubateur.wordpress.com/nos-incubes-2/

4 contacts dédiés sur le site pour stage et emploi

L'école n'a pas centré sa stratégie sur l'apprentissage celui-ci n'est d'ailleurs pas présente sur le cycle pour le programme grande école. L'école a cependant organisé une formule originale avec Adecco pour compenser les contraintes de l'apprentissage. 20 étudiants sont concernés

Tout autre est la place de l'apprentissage pour le BBA

Les doubles compétences de l'em LYON

Deux doubles diplômes à doubles compétences, un avec Centrale   Lyon
, un autre avec l'Ecole des Mines de Saint Etienne

Chaque année, plus de 100 entreprises et partenaires Emploi sont présents pendant 3 jours sur le Campus d'EMLYON et viennent pour proposer des opportunités de stages, emplois, Graduate Programmes et V.I.E...

Les partenaires EM lyon

JOHNSON & JOHNSON KPMG ....KPMG LUXEMBOURG SARL.............L'ÉTUDIANT ....L'OREAL........LA BANQUEPOSTALE.............LABORATOIREBIODERMA.........LABORATOIRES PIERRE FABRE...........LAGARDÈRE....................LCI   ....LÉON GROSSE...........................LEROY MERLIN RHÔNE-ALPES CENTRE............LIDL ....LVMH   MOËT   HENNESSY   LOUIS VUITTON.............MANPOWER ....MAZARS ..MCDONALD'S FRANCE .....MICHELIN ......MONDELEZ INTERNATIONAL......MONSANTO ....NATIXIS .....NESTLÉ FRANCE SAS......ORESYS...OTIS GROUPE UTC ....PEPSICO FRANCE.....PERNOD SA ......PHILIPS.....PROCTER & GAMBLE FRANCE ....PWC ......PWC LUXEMBRB.......SAGEMCOM SAS..........SAINT-GOBAIN.........SANOFI ....SEITA IMPERIAL TOBACCO ....SERVICE DU COMMISSARIAT DES ARMÉES ....SFR.........SIA   PARTNERS.....SMALL IZBEAUTIFUL...........SOCIÉTGÉNÉRALE........SOLUCOM........SOLVAY.....SOMFY SAS......SOPRA   CONSULTING.......STUDYRAMA   SAS ...SYDO........TF1......TNPCONSULTANTS...TOTAL......UBISOFT...UNIVERSUM ......VINCI FACILITIES VOLKSWAGEN GROUP FRANCE...

Les chaires de l'EM

LA CHAIRE SERVICES PUBLICS – VILLE DE LYON & GRAND LYON

LA CHAIRE CGI LE FUTUR DU MÉTIER DE GROSSISTE

CHAIRE HUTCHINSON «WE MAKE IT POSSIBLE»

Cette chaire conjointe EMLYON – Centrale Lyon a été signée en Juin 2013 avec l'Alliance Science et Business. Son ambition est de construire un partenariat durable entre cette filiale du groupe Total et la plateforme I.D.E.A.« Être pionnier sur les thématiques d'innovation et de design

CHAIRE CIC - COLLABORATION - INTERACTION - CAPITALISATION DES CONTENUS

Le groupe Volvo, représenté par Renault Trucks, a signé le 19 décembre 2011, pour une durée de quatre ans, le premier partenariat de cette chaire dont l'objectif est de revisiter les théories et pratiques du management des connaissances, en focalisant sur trois aspects: la collaboration, la capitalisation des connaissances et l'interaction entre ces deux axes.

CHAIRE ECO-EMBALLAGE SUR LE RECYCLAGE

Signée le 10 février 2012 pour une durée de quatre ans, c'est la première chaire conjointe EMLYON – Centrale Lyon. Elle a pour ambition de former les futurs ingénieurs et professionnels du management aux métiers du recyclage et de l'emballage, de développer les connaissances sur l'économie circulaire et l'économie du recyclage, de soutenir la recherche sur les problématiques du plastique et de sensibiliser les étudiants au geste de tri.

CHAIRE EMLYON - INCUBATEUR - KPMG START UP & HIGH GROWTH

Signée en février 2013 pour une durée de cinq ans, cette chaire a pour ambition de renforcer la dynamique dans le process d'émergence et de développement des start up issues de l'univers scientifique et technologique du territoire.

EDHEC

Points forts : la notoriété, la relation entreprise, les doubles compétences et en particulier le droit, la finance ; la proximité de Londres et de Paris, l'apprentissage.

Points faibles : le coût, la recherche, une insertion moyenne

% DIPLOMES EMPLOYES EN CDI   UN AN APRES   %   70.6 et 12% en recherche d'emploi   6.8%D'APPRENTIS

L'école aime les étudiants rigoureux montrant de l'intérêt pour la finance, pour Nice et Londres. Un point fort pour les matheux mais aussi pour ceux qui connaissent bien les doubles compétences comme le droit. Veillez ben à éviter le profil EDHEC= roue de secours après un échec aux parisiennes

Pas de site de mise en relation direct entre anciens et étudiants mais site centralisant les offres

http://careers.edhec.com/students/

Aujourd'hui, l'incubateur de l'EDHEC a accompagné la création de 12 nouvelles entreprises qui ont conduit à la création de 30 emplois. On compte actuellement 50 projets en cours de développement.

L'enquête de Challenges découvre …. 148 entreprises incubées, trois fois plus que la réalité.

http://www.edhec-executive.fr/qui-sommes-nous-/eye-business-incubateur/eye-l-incubateur-du-groupe-edhec-166412.kjsp

il y aurait 20 places par an à Roubaix .En 2014 il y aurait 4 entreprise incubée à Nichttp://www.mon-incubateur.com/site_incubateur/incubateur/eye-edhec-young-entrepreneur-roubaix

http://www.mon-incubateur.com/site_incubateur/incubateur/eye-edhec-young-entrepreneur-roubaix

Après un semestre sur le campus de Lille ou Nice vous rejoindrez l'apprentissage sur un rythme 1 semaine de cours (sur le campus de Paris) / 3 semaines d'entreprise.

http://www.edhec-ge.com/site/Parcours_apprentissage_europeen.html#

Un parcours "**Global Economic Transformation & Technology**" en trois ans, entre Paris, Séoul et Berkeley .

LES DOUBLES COMPETENCES de l'EDHEC

Double Diplôme Ecole Centrale de Lille / EDHEC

BUSINESS LAW & MANAGEMENT

Ce programme innovant de 3 ans délivre un double diplôme en Droit des Affaires et en Management. Il combine :un parcours juridique : de la troisième année de Licence de Droit à la deuxième année de Master de Droit des Affaires.et un parcours Management avec les trois années d'études EDHEC délivrant le Master EDHEC et le LLM in Law & Tax Management.

Les partenaires de l'EDHEC

75 entreprises participent aux forums selon la brochure de l'école, l'Etudiant en trouve…151

ACCENTURE AIR LIQUIDE GROUPE AMAZON AT KEARNEY AXA GROUPE BANK OF AMERICA MERRILL LYNCH BARCLAYS BANK BEARINGPOINT BLACKROCK BNP PARIBAS GROUPE BPCE CAPGEMINI CONSULTING CARREFOUR GROUPE CITI CLUB MEDITERRANEE COMMERZBAN CREDIT AGRICOLE SA CREDIT SUISSE GROUP DAILYMOTION DANONE GROUPE DECATHLO DEEZER DELOITTE GROUPEDEUTSCHE BANK ENTREPRENEURS DU MONDE EUROGROUP CONSULTING EY GAMELOFT GDF SUEZ GOLDMAN SACHS GOOGLE GROUPE EDMOND DE ROTHSCHIL GROUPE SEB HAVAS WORLDWIDE HSBC ICAP JP MORGAN EUROP KPMG SA KURT SALMON France LACTALIS GroupeLAZARD FRERES LEROY MERLIN L'OREAL LVMH MAZARS GROUPE MONDELEZ

INTERNATIONALMORGAN STANLEY NESTLE GROUP NIELSEN COMPANY
NOMURA INTERNATIONAL PLC ORANGE ORESYS PROCTER AND GAMBLE PSA
PEUGEOT CITROEN PWC RECKITT BENCKISER REUNION DES MUSEES
NATIONAUX – GRAND PALAIS RICHEMONT ROYAL BANK OF SCOTLAND SAFRAN
SA SAINT-GOBAIN SALESFORCE.COM SOCIETE GENERALE SOLUCOM SOPRA
STERIA TAJ SOCIETE D'AVOCATS THE BOSTON CONSULTING GROUP UBS AG
UNILEVER N.V   75

Les Chaires de l'EDHEC sont particulièrement intéressantes en finance

Leadership et Compétences Managériales

Créée en 2003, la Chaire Leadership et Compétences Managériales est
soutenue par Redcats, Auchan, Sage et La Poste.

Management des Risques Criminels

Attentats, contrefaçon, fraude, blanchiment, kidnapping, piraterie ... :
l'entreprise est une cible constante des organisations criminelles et
terroristes.

CASAM "Core-Satellite and ETF Investment" Research ChairThe Crédit Agricole
Structured Asset Management (CASAM) "Core-Satellite and ETF Investment"

Regulation and Institutional Investment

MiFID and Best Execution

The ORTEC Finance "Private Asset-Liability Management" Research Chair

Financial Engineering and Global Alternative Portfolios for Institutional Investors

Asset-Liability Management and Institutional Investment Management

La satisfaction des étudiants fera sans doute passer la pilule des frais de
scolarité qui ont fortement augmenté. Bonne satisfaction pour le réseau

L'EDHEC devrait bien résister, les salaires à la sortie sont, surtout pour ceux
qui veulent faire de la finance, supérieurs à ceux des autres écoles de
province. Ils sont même comparables aux parisiennes pour les financiers qui
traversent la Manche. Ajoutons des formules originales comme le double
diplôme droit et la possibilité de réduire les coûts via l'apprentissage.
Malheureusement cette formule dite « apprentissage européen « n'accueille
que 90 étudiants par an .

L'indice de satisfaction EDHEC 46 ,4

Chapitre 18

Les grandes écoles de province.

AUDENCIA, , NEOMA, GEM, SKEMA TBS, KEDGE

Sérieuses, appréciées des recruteurs car leurs diplômés sont moins gourmands que ceux du top 5, les grandes provinciales font souvent les frais des classements et de leurs étranges critères.

Ces écoles sont plébiscitées par la méthode LinkedIn ou les enquêtes recruteurs. Elles recrutent majoritairement des étudiants de CPGE et leurs barres d'admissibilités sont au-dessus de 10. Seule une petite moitié des étudiants candidats peut espérer les intégrer.

Les points forts sont notables mais il y a également des points faibles. J'ai volontairement fait l'impasse sur les critères des classements de la presse franco française. Des renseignements utiles peuvent être tirés de l'Etudiant, à la condition de ne pas faire de classement général à partir de là, ce que l'Etudiant ne fait pas. Il en va de même des données fournies sur les sites des écoles.

Les recruteurs se contrefichent des classements. Ils raisonnent par groupe d'écoles, prennent en compte la personnalité de l'étudiant, son parcours, ses stages ou mieux, l'apprentissage.

Mais un projet avancé peut conduire à établir une hiérarchie

Un étudiant soucieux des coûts de scolarité et des possibilités d'un financement via l'apprentissage s'intéressera à à NEOMA

Un étudiant soucieux de parcours culturel à Audencia

Métiers de la finance et du conseil :Neoma et Audencia

L'intérêt pour l'économie numérique fera penser à Gem

Un cursus droit à Skéma....

La logistique, c'est un port donc Kedge ou Neoma sans doute Audencia

L'aéronautique, TBS

Les grilles de salaires des big four pour les débutants , le témoignage sur prepa hec . com

« Je suis actuellement (2016) dans un des big four, la grille (salaire débutant ==> J1) est à peu près celle-là après avoir demandé à mes amis de différentes écoles:

groupe A: HEC, ESSEC, ESCP et école d'ingénieur (Polythechnique etc.) ==> 40K€
groupe   B+:   EM   Lyon   (pas   sur)   ,   EDHEC,   ==>   37K€
groupe   B: NEOMA,   GEM,   AUDENCIA   ==>   35,5K€
Groupe   C+:   Toulouse   BS==>   33,5K€
GroupeD: Kedge, SKEMA, ESCA angers ... ==> 32K€

La tendance est à peu près la même dans les 3 autres big four (Chez PwC on a NEOMA, GEM et AUDENCIA à 37K€, TBS à 35 etc.). A savoir que les classements récents (le point, challenge etc.) n'influence pas les grilles de salaire... les RH se basent sur des « vrais » critères et le classement des écoles pour les entreprises et peu mobile et bien différents des derniers classements « bidons » que j'ai pu voir sortir. »

http://www.prepa-hec.org/forum/grilles-2016-salaires-embauche-big-four-t26952.html

Audencia

Points forts : forte notoriété auprès des recruteurs, alliance avec centrale, doubles compétences, bonne formation en finance, de belles chaires, insertion professionnelle correcte.

_Points, peu de possibilités d'alternance une politique de com auprès de la presse française insuffisante

% DIPLOMES EMPLOYES EN CDI   UN AN APRES 64 .7%   8.3 en recherche d'emploi seulement 2 %d'apprentis

.L'école, profondément transformée par Aissa Dermouche puis par le duo Helfer Charroin est toujours aujourd'hui une belle institution. Nous regretterons le départ de l'excellent Jean CHARROIN

AUDENCIA COURONNEE PAR SES étudiants. L'indice de satisfaction 46,55/55points est le plus élevé du groupe, il est même supérieur à celui de l'EM

http://www.letudiant.fr/educpros/enquetes/exclusif-ecoles-de-commerce-ce-qu-en-pensent-les-jeunes-diplomes.html

Site de mise en relation alumni étudiants opérationnel bel interface

15000 anciens

http://myaudencianetwork.com/gene/main.php?sizeup

4 consultants carrieres dans l'école

http://myaudencianetwork.com/gene/main.php?base=2465

30 projets sont actuellement incubés, dont 9 projets sur place

http://www.audencia.com/programmes/lincubateur-dentreprises/la-mission/

La Fondation Audencia, depuis le lancement de la campagne a collecté 7,2 M € qui contribuent à la recherche, l'innovation pédagogique, le soutien à l'incubateur et les bourses.

En 2014, 48 bourses ont été attribuées sur 56 demandes formulées, permettant ainsi aux étudiants de réaliser leur projet.

Faiblesse de l'apprentissage seulement 20 étudiants et seulement en troisième année

http://www.audencia.com/entreprises/recruter/apprentissage/

Les doubles compétences d'Audencia sont un vrai point fort

A partir de la deuxième année possibilité de suivre les cours de l3 puis de m1 de l'université de Nantes

Le double diplôme Ingénieur-manager

La voie sciences de l'ingénieur est organisée une journée par semaine dans les locaux de l'Ecole Centrale de Nantes (en face d'Audencia Nantes). Les enseignements sont dispensés par le corps professoral de l'Ecole Centrale de Nantes.

Les modules suivis sont :

Semestre 1. Mathématiques, Mécanique, Thermodynamique

Semestre 2. Mathématiques, Mécanique des fluides, Automatique

Sous réserve d'être validés, ces cours visent à vous donner accès au double diplôme ingénieur ECN + grade master Audencia Nantes.

Pour cette double compétence, vous devrez intégrer à la fin de votre première année l'Ecole Centrale de Nantes pendant une durée de deux ans.

 Vous réintégrez ensuite Audencia Nantes dans le cursus anglophone d'une durée de dix hu mois.

La liste des entreprises présentes au forum n'est pas directement accessible sur le site

les chaires d'Audencia Group

Les 6 chaires d'Audencia portent sur des problématiques au croisement des axes de recherche disciplinaires et transversaux d'Audencia Recherche. Conformément à la stratégie de recherche de l'école, soit elles portent directement sur un aspect de la responsabilité sociétale des entreprises ou de l'innovation, soit elles intègrent ces enjeux dans leurs travaux :

Chaire Banques Populaires Comportements et Vulnérabilité Financière

Chaire Innovation et Relation Client

Chaire Responsabilité Sociétale des entreprises

Chaire Entrepreneuriat Familial et Société

Chaire Innovations Managériales

Chaire Secteur culturel : RH & innovations sociales

Entretien

Le jury est le plus souvent sympathique et à l'écoute, il ne cherche pas à piéger. Montrez votre connaissance pour Nantes, les spécificités de l'école. Audencia aiment les candidats cultivés et ceux qui cherchent une double compétence dans le domaine culturel ou le développement durable.

<u>Neoma</u>

Points forts : proximité de Paris , notoriété forte chez les recruteurs (finance, marketing ,luxe) bonnes formations dans ces secteurs(CFA, DSCG),cohérence du programme, 660 places d'apprentissage,), réseau d'anciens bien organisé et utilisable , insertion professionnelle digne du top cinq.

Points faibles : la fin du double cursus droit à Reims .

% DE CDI UN AN APRES 73.8 % RECHERCHE EMPLOI 9%   11.5% d'apprentis

Neoma est née du mariage de Reims et de Rouen, deux écoles immuables du top 10.

La nouvelle école a joué le rôle de souffre-douleur du Figaro, du Point et d'Olivier Rollot. Le Figaro la déclasse en oubliant deux de ses trois accréditations En dehors d'erreurs pas la moindre donnée objective pour expliquer des classements qui ne la mettraient pas dans le top 10..

Ce n'est pas la fusion qui est en cause, ni la cohérence des programmes. Il suffit de se plonger dans le rapport rédigé par les pairs de l'école en 2014 lors du renouvellement du grade de master pour comprendre ce qui se passait alors. Le modèle de Reims ne correspondait plus aux exigences sur un point très précis : la qualification internationale des professeurs et la recherche.

Frank Bostyn et Céline Davesne ont fait un travail considérable pour rentrer dans les clous et ils ont obtenu Equis pour 5 ans. Mission déjà accomplie pour Aacsb et AMBA, Résultat, l'école est réhabilitée par les classements les plus sérieux qui la placent de la 7eme à la 9eme place

L'école s'est donnée une nouvelle équipe dirigeante très féminine et communicante avec Michel Edouard Leclerc comme Président et Delphine Manceau comme directrice. De quoi changer l'image ….

 Indice de satisfaction des diplômés 45,2 /55 derrière Audencia et Gem, devant TBS, SKEMA, kedge

http://www.letudiant.fr/educpros/enquetes/exclusif-ecoles-de-commerce-ce-qu-en-pensent-les-jeunes-diplomes.html

L'école, toute proche de Paris a un bon réseau et réussit l'insertion professionnelle.

Les recruteurs sont fidèles à Neoma et la proximité de Paris n'est pas le moindre des atouts .L'école a même un site sur Paris. Un réseau d'entreprises partenaires comparable à celui de l'Edhec ou de Lyon.

Site de mise en relation des alumni et accessible gratuitement à tous les étudiants depuis 2015

http://www.neoma-alumni.com/

56000 anciens des dizaines de tribus locales ou d'entreprises

Fondation Neoma 74 bourses d'excellence en 2015

30 entreprises actuellement incubées et 79 pré- projets

Filière d'Excellence Audit Expertise Conseil massivement effectuée en apprentissage, les gros bataillons de EY et des big four

Filière d'excellence Chartered Financial Analyst (CFA)

Cette formation de référence proposée sur le campus de Reims permet de passer les deux niveaux du CFA (Chartered Financial Analyst), certification professionnelle d'expertise financière du CFA Institute et vous prépare au niveau III

forme avec efficacité aux métiers d'analystes financiers et de gestionnaires de portefeuille

Doubles compétences de Neoma

Elles interviennent en fin de cursus et ressemblent plus à des spécialisations pour ce qui est du DD avec l'Université de Rouen (sport). Il y a un master en Technologie et Management - Centrale Paris CentraleSupelec

MS Management de projet informatique

MS Ingénierie, Economie et Nouvelles Technologies pour la Construction à l'International

La fusion a abouti à une transformation du cursus. A Reims l'école disposait de plusieurs doubles diplômes conduisant à la licence en droit, histoire, philosophie. Ces doubles compétences sont en cours de reconstruction .

NEOMA Business School propose au total de ses deux campus 650 places en apprentissage.

http://www.neoma-bs.fr/thematiques/formations/graduate-school/programme-grande-ecole/apprentissage

 L'apprentissage au sein du Programme Grande Ecole de NEOMA Business School est proposé en 1 an (dernière année du cycle Master) ou en deux ans (totalité du cycle Master) 500 places

96 entreprises partenaires participent aux forums de recrutement

http://www.fondation-neoma-bs.fr/sites/drupal.fondation_neomabs/files/zoomdelafondation_avril2015_v7.pdf

ACCOR ALTEN ARCELORMITTAL ATOS AUCHAN Luxembourg BACARDI – MARTINI BALENCIAGA BMW GROUP BNP PARIBAS BOUYGUES CONSTRUCTION BRASSERIES KRONENBOURG CAISSE D'EPARGNE LORRAINE CHAMPAGNE ARDENN CANON FRANCE SAS CARREFOUR MARKET CHAMPAGNE LAURENT-PERRIER CHAMPAGNES PIPER HEIDSIECK ET CHARLES HEIDSIECK CIC EST CIC NORD OUEST COLRUYT France COMEXPOSIUM CREDIT AGRICOLE GROUP CREDIT DU NORD DANONE DELOITTE France DENTSU AEGIS NETWORK DOGFINANCE EDMOND DE ROTHSCHILD EULER HERMES EY FERRERO France GALEC / E. LECLERC GENERALI France GIVENCHY COUTURE GRANT THORNTON GROUPE BEL GROUPE BPCE GROUPE CASINO GROUPE CHEQUE DEJEUNER GROUPE ETAM GROUPE INVIVO GROUPE LACTALIS GROUPE ROCHER GROUPE SOPARIND BONGRAIN GSK GLAXOSMITHKLINE SANTE GRAND PUBLIC HENKEL France HP France IKEA JOHNSON & JOHNSON KPMG France KPMG Luxembourg L'ETUDIANT L'OREAL LA BANQUE POSTALE LCLLEROY MERLIN LIDL LOUIS DREYFUS COMMODITIES MANPOWER France MARS FRANCEMAZARS METROPOLE TELEVISION – M6 MHCS – Dom Pérignon, Krug, Mercier, Moët & Chandon, Ruinart, Veuve Clicquot MICROSOFT FranceNATIXIS NESTLE France NIELSEN NUTRIXO – GRANDS MOULINS DE PARISOTIS PEPSICO FRANCEPRISMA MEDIA PSA PEUGEOT CITROEN PWC France PWC Luxembourg RSM PARIS SAINT-GOBAINSERVICE DU COMMISSARIAT DES ARMEES SFR SIXT SMALL IZ BEAUTIFUL SOCIETE GENERALE SOLUCOM SOPRA CONSULTING SPB

STOKOMANI STUDYRAMA TNS SOFRESUNILEVER France VENTE-PRIVEE.COMVRANKEN-POMMERY MONOPOLE

96 entreprises participent aux forums y compris des banques d'affaires

Les Chaires de NEOMA Business School :

http://www.neoma-bs.fr/profils/professionnels-et-entreprises/recherche-chaires?view=chaire

Chaire de Bioéconomie Industrielle Elle fait partie d'un ensemble intégré de la chaine de connaissance et de la valorisation économique des nouvelles technologies : une suite de chaires couvrant la recherche appliquée (Chaire AgroParisTech), les procédés et l'ingénierie (Chaire de l'Ecole Centrale) se complètent et interagissent ; une liaison étroite avec une grappe industrielle (site de Reims-Pomacle avec des démonstrateurs, la création d'entreprises, le soutien des collectivités territoriales) constitue un ensemble très original et presque unique en Europe.

Chaire Business Model & Innovation Entrepreneuriale

Chaire Economie Sociale et Solidaire

Chaire Nouvelles Carrières

Smart Product and Consumption

institut.neoma-bs.fr/spoc/

Plus spécifiquement, le centre de recherche se focalise sur deux axes: le design sensoriel des produits intelligents, et l'appropriation des produits intelligents par les utilisateurs. Les résultats des recherches et le matériel utilisé pour la recherche sont utilisés pour enrichir l'enseignement dans plusieurs cours (marketing des produits high-tech, marketing et design, marketing de l'innovation). Cette approche a été dupliquée en formation continue (IBM, Econocom, e-mba). Plusieurs entreprises impliquées dans le développement de produits intelligents ont été associées à l'enseignement (Ubisoft, Aldebaran, Microsoft, Adobe, Cisco, HTC, SFR, Renault).

MOBIS a affirmé sa présence auprès des acteurs de la chaîne logistique globale au niveau régional (les ports du Havre, de Rouen, de Paris, etc.), grâce à une approche innovante et durable mobilisant la socio-économie des transports et de la logistique.

Entretien

Le jury est à l'écoute, il appréciera une bonne connaissance de Rouen et de Reims. L'école n'ignore pas que la proximité de Paris est un atout pour les stages et les emplois, c'est la seule école de province dans laquelle vous pourrez évoquer le concept de « quatrième école de la région parisienne ». Evitez de laisser croire que vous venez passer un entretien d'entraînement. N'oubliez pas d'évoquer votre intérêt pour la finance si c'est le cas, pour les métiers du Champagne. A Rouen n'oubliez pas la logistique.

<u>Grenoble</u>

Points forts : la double compétence ingénieur manager, le positionnement digital très solide, des frais de scolarité faibles (32000 euros), des possibilités d'apprentissage.

Points faibles : l'éloignement de Paris un réseau d'anciens seulement moyen. Insertion professionnelle décevante.

% DIPLOMES EMPLOYES EN CDI   UN AN APRES   GEM 60.1   17 % à la recherche d'emplois

Satisfaction des diplômés :GEM 45 ,2pts

Une école dynamique qui a su se construire une notoriété dans l'économie numérique. Un directeur de programme passionné de culture, de belles réussites. L'école est plutôt bien traitée par les classements mais quand les journalistes y regardent de plus prés….

26000 anciens un beau site mais rien n'indique s'il est accessible ou non aux étudiants qui ne cotisent pas.

L'apprentissage est possible en troisième année du programme grande école et un contrat de professionnalisation dès la deuxième

À la rentrée 2014, Grenoble EM comptait 231 alternants en 2e année et 329 en 3e année du PGE. Elle aimerait augmenter le nombre de places.

http://etudiant.lefigaro.fr/stage-emploi/actu/detail/article/ecoles-de-commerce-l-alternance-passeport-pour-l-emploi-17927/

Les doubles compétences de GEM

PARCOURS UNIVERSITAIRES :ils permettent de préparer une licence

Vous suivez le parcours management (parcours classique) en première année + des cours à l'université Vous complétez vos acquis dans un domaine qui vous passionne tout en acquérant des compétences en management. Ces parcours sont ouverts pour certains sur sélection et vous donnent accès à une Licence

Lettres & Management

Droit & Management

Economie & Management

Histoire & Management

Philosophie & Management

LLCE (Langues Littérature et Civilisation Etrangère) & Management (anglais, allemand ou espagnol)

PARCOURS INGÉNIEUR MANAGER

Développé avec l'EISTI à Cergy Pontoise, école d'ingénieur spécialisée dans le génie mathématique et le génie informatique, ce parcours en 4 ans permet l'obtention d'un double-diplôme ingénieur-manager.

Vous démarrez ce parcours dès la 1ère année du Programme Grande Ecole et passez deux ans à Grenoble Ecole de Management et deux ans à l'EISTI avec des spécialisations orientées finance et mathématiques financières.

Parcours ouvert aux étudiants issus de classes prépas HEC, ECS, scientifiques et aux diplômés d'une Licence de Mathématiques

En 3eme année : Télécom Bretagne en filière Ingénierie des Services et des Affaires : possibilité d'obtenir un double diplôme ingénieur-manager

http://entreprises.grenoble-em.com/sites/default/files/public/kcfinder/files/Fiche_Alternance(1).pdf

Entreprises présentes au forum

AUCHAN Saint-Gobain ORESYS Hewlett Packard Enterprise Schneider Electric SOLOCAL GROUP TOTAL MICROSOFT FRANCE Mars France PANZANI GROUPE CREDIT AGRICOLE Bouygues Telecom DASSAULT SYSTEMES GROUPE SEB Amazon NIKE AKKA TECHNOLOGIES GOOGLE GROUPE ROCHE Keyrus AB InBev SAP France SOMFY SAS ADECCO GROUPE France AMADEUS Adidas France CAPGEMINI GROUPE VOLVO RENAULT TRUCKS Nissan International SA. HILTI Leroy Merlin Rhône-Alpes Dentsu Aegis Network Service du commissariat des armées Salesforce GROUPE CASINO Lucca KRONENBOURG GROUPE GO SPORT LIDL EXTIA mc²i Groupe

GROUPE NUMERICABLE-SFR BTO SRL HAYS Danone BANQUE POPULAIRE DES ALPES EULER HERMES AccorHotels SAUPIQUET LABORATOIRES PIERRE FABRE HSBC ATOS ATOS Ubisoft BLOOMBERG TJX Europe / TK Maxx Solucom CARREFOUR Johnson&Johnson EDF GENERAL ELECTRIC LA BANQUE POSTALE Decathlon Henkel France EDMOND DE ROTHSCHILD Société Générale CGI L'OREAL MICHELIN

CHAIRE DIGITAL NATIVES

UN PARTENARIAT ORANGE ET GRENOBLE ECOLE DE MANAGEMENT .La Chaire Orange – Grenoble Ecole de Management « Digital Natives » est une Chaire d'enseignement et de recherche.

Elle a pour vocation d'aider à construire l'Ecole de Management de l'économie numérique, et d'accompagner la transformation numérique des entreprises en intégrant les nouveaux comportements des jeunes générations.

UNE CHAIRE DÉDIÉE AUX SERIOUS GAMES

Entretien

Les modalités de l'entretien sont originales mais il importe de faire passer votre bonne connaissance de l'école, de son dynamisme. Les passionnés d'économe digitales doivent le faire savoir. Bonne cohérence entre votre personnalité et les doubles compétences proposées par l'école

Skema

POINTS FORTS les : parcours droits des affaires et IEP, l'international, la possibilité de compléter en finance de marché avec un bon master finance, proximité des bassins d'emplois.

Point faibles :

Notoriété seulement moyenne auprès des recruteurs, éloignement de Paris.

% DIPLOMES EMPLOYES EN CDI   UN AN APRES 66.5 15% en recherche d'emploi   9 .8% d'apprentis

Il n'y a pas de « miracle » Skéma, l'école est l'héritière d'une belle institution, l'ESC Lille .

Satisfaction convenable des étudiants

Indice de satisfaction des diplômés :

Avec 43,4 pts/55 elle fait mieux que Kedge et TBS, moins bien que GEM ,Audencia et Neoma

Elle ne manque pas d'atouts :

Les coûts de la scolarité sont raisonnables (32000 euros)

Skema propose deux doubles compétences

Parcours Droit Des Affaires – Campus de Lille :

Le parcours Droit des Affaires permet aux élèves du Programme Grande Ecole d'accéder à un Master de l'Université en Droit des Affaires dans le cadre d'un cursus spécifique.

Parcours IEP Aix-en-Provence – en Master 2 :

L'école offre aussi la possibilité aux étudiants de suivre et obtenir un Master 2 en partenariat avec l'IEP d'Aix-en-Provence dans différentes disciplines notamment : Ingénierie politique, Action publique territorialisée, Carrières Publiques, Communication Institutionnelle et journalisme politique

L'école touche à tout, à la culture, à la gastronomie… Certains aimeront, d'autres seront un peu déstabilisés. Attention à l'habillage, certains MSC proposés ne sont rien d'autre que ce que les autres écoles proposent dans le programme grande école…

http://www.skema-bs.fr/actualite-skema/-skema-et-ferrieres-unis-pour-l-excellence-a-la-francaise

Toulouse bs

Points forts : faible coût de scolarité, la chaire aéronautique, des campus à l'étranger, bonne ouverture sociale, attractivité de la ville étudiante.

Points faibles : peu de places pour le pge en apprentissage, visibilité du diplôme brouillée par de nombreux bba, éloignement de Paris

Isabelle Assassi la brillante et passionnée directrice de programme a malheureusement quitté sa fonction.

% DIPLOMES EMPLOYES EN CDI   UN AN APRES   64.75 EN RECHERCHE 12 .2%   4% seulement d'apprentis

La vieille rivale de Bordeaux a trouvé sa place dans le top 10, Tbs   n'est pas chère (32000 euros) elle sera peut-être plus sélective mais

Le nombre de places en apprentissage demeure modeste pour le PGE et la notoriété de l'école reste modeste chez les recruteurs parisiens . Les diplômés sont un peu déçus par le réseau d'anciens et l'insertion dans la vie professionnelle. L'école peut bénéficier de l'attractivité de ses associations et des campus à l'étranger

Indice de satisfaction des diplômés 42,2/55 derrière NEOMA et SKEMA, comparable à Kedge

http://www.letudiant.fr/educpros/enquetes/exclusif-ecoles-de-commerce-ce-qu-en-pensent-les-jeunes-diplomes.html

30 000 anciens

Sur le site http://www.tbs-alumni.com, les profils de chaque alumni ET étudiants sont la base des relations entre membres ; ces profils sont mis à jour tous les jours, par les personnes elles-mêmes, par des bénévoles, des étudiants chargés de mission, par les permanentes….

Pour y accéder les étudiants semblent devoir cotiser

La fondation distribue des bourses (pour 800 000 Euros en 2008)

59 étudiants étaient concernés par la filière apprentissage en 2012/2014 pour le programme grande école mais ils sont bien plus nombreux si l'on compte d'autres formations gérées par l'école comme le DCG

http://www.tbseducation.fr/sites/default/files/upload/stockfile/commun/cfa/2012/modalites_apprentissage_esc_2012-2014.pdf

12 entreprises sont actuellement incubées et 4 pré incubées

http://incubateurgesct.blogspot.fr/p/projets-incubes.html

Les doubles compétences de TBS

Double parcours à l'INSA (Institut National des Sciences Appliquées)

Double diplôme TBS / CESB Conseil en gestion de patrimoine en alternance

Double diplôme TBS / MSc SCALE (Supply Chain and Lean management), Ecole des Mines d'Albi

En M2, vous suivez d'abord le MSc en Gestion de patrimoine, puis, vous intégrez une banque parisienne pour un contrat d'alternance et vous suivez en parallèle les enseignements délivrés par le Centre d'Etudes Supérieures Bancaires (CESB), afin d'obtenir le diplôme de CGP (conseil en gestion de patrimoine)

Pendant votre année de Licence 3 à TBS, vous suivez, grace à un emploi du temps aménagé, les cours de L3 du département Histoire de l'Université de Lettres et Sciences Humaines de Toulouse et vous validez, au terme d'une année de cours, une licence d'Histoire de l'Université. Une opportunité unique de partager les enseignements et les méthodes de travail des ingénieurs, en effectuant la dernière année de TBS (M2) de l'INSA

Depuis septembre 2015, TBS possède un nouveau campus à Londres qui dispense l'option en finance quantitative du Programme Grande Ecole. Programmes : Master 1 Majeure Finance et Master 2 Banking and Financial Market.

Entreprises participant au forum

http://fr.calameo.com/read/00182179723d1004ffb60

AB Inbev • AC Nielsen • Accenture • Accor • Airbus • Air France • Amazonia • ARVALATOS CONSULTING • ATR • Banque de France • Barilla France • BCG • BiscuitsPoult • BNP Paribas • BONNE ASSURANCE • Brasseries Kronenbourg • CampusChannel • Carrières • C.F.E.E. (Compagnie Française d'Etudes et d'Entreprises) •CAPGEMINI • Carrefour Market • Catalina marketing • CERFRANCE Midi-Pyrénées CGI • Chausson Matériaux • CHIESI SA • CIRFA • Citya Immobilier • CNES • CocaCola CONFORAMA • CONSORT NT • Continental Automotive France •Corinne Cabanes & Associés • Crédit Agricole Groupe • Cultura • Décathlon •DELOITTE • Devoteam Consulting • ENERJIA • ERDF • Es-Tête • Euler Hermes FranceEXCO • Expert • EY • Finaxys • Fleury Michon • France Défi • Freescale Semiconducteurs Fromarsac • FullSIX Group • GRANT THORNTON • GrDF Groupama • Groupe Atlantic • GROUPE CASINO • Groupe Lactalis • Groupe La Poste GROUPE PARFUMS BERDOUES • Groupe Yves Rocher • Halifax Consulting • HILTI • HSBC France • IAS-GIFAS • IBM France • Kienbau• KPMG • La Banque Postale • Laboratoires Pierre Fabre • La Dépêche du Midi •ASELEC SA • Latécoère • La Voix des Hommes • LCL • LENORMANT MANUTENTION

Leroy Merlin • LES ESTUDINES DE BRIENNE • L'Etudiant • LIDL • Liebherr
Aerospac Logica • L'Oréal • Marine Nationale • MARS MAZARS • Mediameeting
• MEDICA Mondelez • Nataïs Pop Corn • Natixis • Nestlé • Nutrition et Santé • Page
PersonnelPepsiCO France • Point P • Pro à Pro Distribution • PRIMEXIS • Prisma
Média PwC • Raynal & Roquelaure • Regain Perform • Rexel France • Rockwell
Collins RSM FRANCE • Sage • Saint-Gobain • SEAC • Seb • SFR • Société Générale
• Soluco SOPRA GROUP • Soytouch SARL • Spring • STERIA • St-Hubert •
Studyrama •SYGNATURES SA • Thalès Avionics • Turbomeca • Unilever • Unis-
Cité • UNITAGVéolia • VINCI Energies Franc

Les chaires de TBS

Chaire SIRIUS – Droit et Management des activités du secteur
spatial

Chaire Aeronautics Management

En collaboration avec Airbus et l'Indian Institute of Management de
Bangalore, Toulouse Business School contribue à former les futurs
leaders de l'industrie aéronautique indienne.

Dans ce contexte, Toulouse Business School propose le programme
Aerospace MBA / Executive General Management Programme in
Aerospace and Aviation Management en Inde, avec le soutien
d'Airbus.

La Chaire Aeronautics Management vise à dispenser un enseignement
d'excellence et à promouvoir le secteur de l'aéronautique

Entretien

Toulouse est une vraie ville, il faut connaître la région et ses entreprises. Un
intérêt pour l'aérospatiale sera un plus s'il correspond à la vérité.
N'oubliez pas les nombreux parcours de l'école, Bonne
connaissances des parcours à l'international.

KEDGE

Points forts : Bordeaux et l'héritage bordelais (corporate, logistique, négoce), le potentiel de recherche, bonne insertion sur le marché du travail, réseau d'anciens.

Points faibles : la com a dissimulé le traumatisme du changement de modèle, Marseille n'est pas Bordeaux , les risques de dilution

% DIPLOMES EMPLOYES EN CDI   UN AN APRES
68.9 %   5% en recherche d'emploi

Je ne saurais oublier Bordeaux, une école qui m'est chère, une bien belle institution. Des centaines d'anciens ont fait de très beaux parcours

Je ne comprends pas pourquoi Bem ne s'est pas mariée avec Toulouse. Depuis il y a eu Kedge une communication que j'ai égratignée et surtout une multiplication des campus : Avignon, Bayonne, Bastia, Bordeaux, Marseille, Toulon, Paris, Shanghai, Suzhou , Dakar. J'apprécie peu …Attention aux risques de dilution de diplôme grande école.

Le processus de fusion de kedge fut brutal surtout pour les professeurs
http://www.letudiant.fr/educpros/actualite/fusion-bem-euromed-kedge-business-school-en-ordre-de-marche.html
http://www.e-orientations.com/actualites/kedge-business-school-la-fusion-a-du-mal-a-prendre-15161
La cagnotte bordelaise et la prudence de Thomas Froehliecher ont évité le désastre. Le nouveau directeur est manifestement là pour consolider l'école …

Ici, une flexibilité totale, avec 15 parcours possibles + 1 parcours à la carte et 1 parcours en apprentissage

CYCLE MASTER EN 2 OU 3 ANS

Vous avez le choix entre 2 durées :

LONG TRACK : POUR VIVRE UN MAXIMUM D'EXPERIENCES

Vos deux années de Master sont entrecoupées d'une Year Away, vous permettant de vous consacrer pleinement à un projet qui vous tient à coeur.

FAST TRACK : POUR ALLER A L'ESSENTIEL

Ouvert aux parcours à la carte et orientés. Dans ce cas, le cycle Master se fait en 2 ans.

Les chaires et expertises

- Supply Chain
- CSR
- Wine and spirits
- Innovation and Entrepreneurship
- Finance reconsidered
- Health Management
- Creative Industries and Culture

Entreprises partenaires

Auchan BNP Paribas CMA CG DECATHLON Pernod Ricard Gemalto Hilti La Banque Postale P&G Accenture Saint Gobain Société Générale Wavestone Unilever TF1 Amaris L'Occitane Crédit Agricol Natixis Volkswagen Lidl Adecco Amazon Henkel EY AccorHotels AutogrillCaisse d'Epargn Highco ONET

Deux des enseignants-chercheurs de l'école occupent le top 10 du classement mondial des 50 meilleurs enseignants-chercheurs spécialisés dans le transport maritime.

Conclusion : ce qui compte vraiment

Désolé mais intégrer une école ne fera pas de vous un rentier …Le marché du travail ne vous attend pas.

Plus que votre diplôme et une hiérarchie d'écoles, LES STAGES, L'APPRENTISSAGE SERONT DETERMINANTS POUR LE RECRUTEUR …

Il vous appartiendra, grâce à eux, de trouver le secteur et la fonction qui vous intéressent.

Bâtissez votre formation sur du béton plus que sur le blabla pédagogiste à la mode dans trop d'écoles :

-Avant l'école une prépa ou une formation solide et ACADEMIQUE si possible car votre niveau de culture générale ne progressera guère en école. Le risque après un bachelor ou une école post bac c'est d'arriver sur le marché du travail avec une culture générale de …lycée

-En école choisissez les modules les plus sérieux même s'ils ne sont pas « sexy ».

 De toute façon et quelle que soit l'école votre premier job sera, pour une majorité ,dans l'audit ou le conseil où vous allez apprendre à travailler pendant de longues heures. Dans quelques années vous irez en entreprise dans des secteurs diversifiés.

Pour échapper au lot commun il vous faudra de l'audace et penser au numérique, aller sur le terrain commercial. Prendre des risques.

Quelques-uns auront, en plus de l'école de commerce, su acquérir une double compétence en droit, en maths financières, mais alors il vous faudra beaucoup de travail, autant qu'en prépa …

© Editions Vignou

Fougeras La Chapelle Aubareil 24290   0763328414

giberpa@yahoo.fr

I SBN-13: 979-10-95867-09-8

9 791095 867098